Hans-Dieter Leuenberger

Tarot – kurz & praktisch

Herausgegeben von Rainer Kakuska

Die Erstausgabe dieses Werkes erschien 1993 im Verlag Hermann Bauer, Freiburg im Breisgau, unter dem Titel *Tarot – kurz und bündig*

Hans-Dieter Leuenberger

Tarot –

kurz & praktisch

Verlag Hermann Bauer
Freiburg im Breisgau

Die Deutsche Bibliothek – CIP-Einheitsaufnahme

Leuenberger, Hans-Dieter:
Tarot : kurz & praktisch / Hans-Dieter Leuenberger. –
3. Aufl. – Freiburg im Breisgau : Bauer, 1995
(... – kurz & praktisch)
ISBN 3-7626-1100-9

Die Reihe »... – kurz & praktisch« erscheint im
Verlag Hermann Bauer KG, Freiburg im Breisgau

Mit 78 s/w-Abbildungen

3. Auflage 1995
ISBN 3-7626-1100-9

Einband: Designagentur Peter Krafft, Freiburg im Breisgau
Satz und Bildverarbeitung:
Fotosetzerei G. Scheydecker, Freiburg im Breisgau
Druck und Bindung: Clausen & Bosse GmbH, Leck
Printed in Germany

Gedruckt auf chlorfrei gebleichtem Papier

Inhalt

Wie man mit diesem Buch arbeitet

Dieses Buch wendet sich an einen Leserkreis, der sich vorwiegend mit der praktischen Seite des Tarot befaßt, mit seiner Verwendung als Mittel zur Divination und zur Hinterfragung von Problemen und speziellen Lebenssituationen. Die »Praxis des Tarot« stellt recht hohe Anforderungen, und der Einsteiger und Neugierige, der sich damit zu beschäftigen beginnt, unterschätzt oft die Schwierigkeiten und möglichen Irrwege, die sich aus ungenügenden Grundkenntnissen sehr leicht ergeben können. Nur auf rein intuitiver Basis beruhende Interpretationen können in der Praxis des Tarot niemals die Genauigkeit und Tiefe erreichen, die für eine verantwortungsbewußte Lebensberatung und vertrauensvolle Hinterfragung der eigenen Problematik erforderlich sind.

Das vorliegende Buch setzt genau an diesem Punkt an. Es soll Hilfe und Anleitung dazu geben, wie der Tarot zu befragen ist, und gleichzeitig das nötige Rüstzeug vermitteln, die erhaltenen Antworten zu verstehen und in der eigenen Lebensgestaltung zu verwirklichen. Das Buch ist sowohl für den Anfänger gedacht, der sich ein Tarot-Deck kauft und sofort in die Praxis einsteigen will, als auch für den bereits Fortgeschrittenen, für den es ein Werkzeug sein kann, um eigene Aussagen zu überprüfen und in schwierigen Fragen die entsprechende Hilfestellung zu erhalten.

Der erste Teil enthält die Grundregeln einer soliden und erfolgreichen Tarot-Praxis. Der Einsteiger tut gut daran, sich die Voraussetzungen und Regeln anzusehen, und dann diesen Grundregeln entsprechend die praktische Arbeit mit dem Tarot aufzunehmen. Da dieses Buch vor allem der praktischen Arbeit dienen soll, wurde soweit als möglich auf jede theoretische Erläuterung verzichtet und nur das formuliert, was der erfolgreiche Tarot-Praktiker unbedingt wissen muß. Wer über den historischen und esoterischen Hintergrund des Tarot mehr wissen will, den verweise ich auf meine dreibändige *Schule des Tarot* (Band 1: »Das Rad des Lebens«, Band 2: »Der Baum des Lebens«, Band 3: »Das Spiel des Lebens«, Verlag Hermann Bauer, Freiburg), wo alle diesbezüglichen Angaben zu finden sind.

Der zweite Teil des Buches bietet zu jeder der 78 Tarotkarten einen erläuternden Text, der ganz auf die Bedürfnisse und Gegebenheiten der Tarot-Praxis ausgerichtet ist. Diese Texte enthalten die Erfahrungen meiner eigenen, mehr als zwanzigjährigen Tarot-Praxis und sind so formuliert, daß sie ein möglichst weites Spektrum der in der täglichen Tarot-Praxis anfallenden Probleme und Fragen abdecken. Die Art und Weise, wie die Texte für die Praxis zu gebrauchen sind, wird im ersten Teil dieses Buches erläutert. Die Texte gelten für alle Tarot-Decks, die aus der Tradition des klassischen *Tarot de Marseille* hervorgegangen sind. Als Illustrationen wurden die Darstellungen des Tarot von A. E. Waite gewählt, als dem populärsten und am meisten verbreiteten Tarot-Deck.

Zu beachten ist vielleicht noch, daß dieses Buch nicht zur fortlaufenden Lektüre bestimmt ist, sondern als Nachschlagewerk konzipiert wurde, als ein Vademekum der alltäglichen Tarot-Praxis im Dienst der Selbstbefragung oder der Beratung anderer Menschen.

Ich möchte an dieser Stelle noch meinen herzlichen Dank an Gabriela Isler aussprechen. Als ich in der Zeit, in der ich dieses Buch verfaßte, durch eine Handverletzung während längerer Zeit am Schreiben verhindert war, half sie mir bei den anfallenden Korrekturen und der handwerklichen Textgestaltung.

So hoffe ich denn, daß dieses Buch seine Aufgabe zu erfüllen imstande ist, und dem engagierten und interessierten Tarot-Praktiker Hilfe beim Einstieg und Ratgeber für den weiteren Fortschritt in der praktischen Anwendung der Tarot-Karten sein kann.

Die Grundlagen der Tarot-Praxis

Der Tarot besteht aus einem Paket von 78 Karten, die ihrer äußeren Form nach wie Spielkarten gestaltet sind. Dieses Karten-Paket wird allgemein als Tarot-Deck bezeichnet. Beim Kauf eines Tarot-Decks ist darauf zu achten, daß es auch wirklich ein Tarot ist, denn heutzutage wird leider der Begriff Tarot mehr und mehr als ein sinnverwandtes Wort für Karten-Decks überhaupt verwendet, auch wenn diese Karten mit dem eigentlichen Tarot nur wenig bis nichts gemeinsam haben. Darauf ist also beim Kauf eines Tarot-Decks besonders sorgfältig zu achten. Das vorliegende Buch ist für alle Tarot-Decks verwendbar, die sich aus dem klassischen *Tarot de Marseille* ableiten lassen. Dem Anfänger empfehle ich die Verwendung des Tarots von A. E. Waite, dessen Bilder auch als Illustrationen zu den betreffenden Texten in diesem Buch verwendet werden.

Ein Tarot-Deck von 78 Karten wurde früher in die sogenannten großen Arkana und in die kleinen Arkana (bestehend aus Zahlenkarten und Hofkarten) eingeteilt. Heute setzt sich mehr und mehr eine Dreiteilung durch:

1. 22 große Arkana I bis XXI und Bild 0. Die Bilder der großen Arkana sind traditionell mit Namen versehen: I Der Magier, II Die Hohepriesterin, III Die Herrscherin, IV Der Herrscher und so weiter.
2. 40 Zahlenkarten in den vier Farben Stäbe, Kelche, Schwerter und Münzen. Jede Farbe umfaßt zehn Karten mit der Numerierung 1 bis 10.
3. 16 Hofkarten (König, Königin, Ritter, Bube) in den vier Farben Stäbe, Kelche, Schwerter, Münzen.

Da der Tarot ursprünglich reines Bild ist, haben diese Namen einen viel späteren Ursprung und sind als erste Interpretationsversuche zu betrachten, die aber nach heutigen Erkenntnissen nicht durchwegs richtig sind. Diese Namen dienten im Mittelalter als Tarnnamen, um den einzelnen Tarot-Bildern eine christliche Färbung zu geben. So wurde aus der »Hohepriesterin« die »Päpstin«, aus dem »Hierophanten« der »Papst«, der »Magier« zum »Gaukler«. *Aus diesem Grund hüte sich der Tarot-Praktiker davor, bei der Interpretation der Bedeutungsinhalte der einzelnen Karten, sich all zu sehr von diesen Namen leiten zu lassen.*

Zur gezielten Unterscheidung der drei Kartengruppen kann folgende Faustregel angewandt werden:

1. Die *22 Karten der großen Arkana* stellen die *Erfahrungen und Aufgaben* dar, mit denen der Mensch (der Ratsuchende) konfrontiert ist.
2. *Die 40 Zahlenkarten* stellen die *Energie* dar, die mit einer Sache verbunden ist.
3. *Die 16 Hofkarten* zeigen auf, *wie* und *von welchen Positionen aus* mit dem hinterfragten Problem umzugehen ist.

Die Karten I bis X betreffen vorwiegend die *materiellen Belange* des menschlichen Lebens, die Karten XI bis XX sind unter dem Blickwinkel der *Persönlichkeitsbildung* zu betrachten, und die Karten XXI und 0 (Der Narr) betreffen mehr den *spirituellen Bereich.*

Zum Tarot von A.E. Waite und den Decks, die davon abgeleitet sind, ist noch folgendes zu beachten: In diesen Decks sind entgegen der Tradition die Karten VIII Gericht und XI Kraft miteinander vertauscht. Nach heutigen Erkenntissen ist diese Vertauschung nicht korrekt und wurde deshalb in diesem Buch, der klassischen Tradition entsprechend, wieder rückgängig gemacht.

Wie wählt man Tarot-Karten?

A. Die Kartenwahl

Der Tarot umfaßt zwei Ebenen oder Aspekte. Zum einen ist er eines der großen *Weisheitsbücher der Menschheit*, in dem alles Wissen enthalten ist, zum andern ist er ein *Modell des Kosmos.* Nach der Tradition der Esoterik ist jeder Mensch ein Mikrokosmos (kleines Universum), für den die gleichen Gesetze und Fakten gelten, wie für den Makrokosmos (großes Universum). Auf dieser Gegebenheit beruht die Möglichkeit, den Tarot als Hilfe zur Lösung von individuellen Lebensfragen und Problemen anzuwenden.

B. Das Mischen der Karten

Am Anfang einer jeden Tarot-Befragung steht das sorgfältige Mischen der Karten. Durch den Vorgang des Mischens wird das Tarot-Deck zur Beantwortung der persönlichen Fragen vorbereitet. Jeder Mensch ist von einem ausstrahlenden Energiefeld umgeben (Aura), das in seiner Beschaffenheit der momentanen Stimmungslage des betreffenden Menschen entspricht. Beim Mischen der Karten wird dieses Energiefeld auf die Karten übertragen. Sie werden gewissermaßen davon imprägniert, so wie ein Gegenstand, wenn er eine gewisse Zeit in Händen gehalten wird, die Temperatur unseres Körpers annimmt. Beim Mischen konzentrieren Sie sich deshalb auf die Thematik oder Frage, auf die Sie vom Tarot einen Kommentar oder eine Antwort erhalten wollen. Der Mischvorgang dauert so lange, bis Sie das Gefühl haben, daß es genug ist. Nach Abschluß des Mischens legen Sie die Karten als geordneten Stapel vor sich hin. Es kann ab und zu vorkommen, daß während des Mischens eine oder auch mehrere Karten aus dem Deck herausfallen. Diese Karten nehmen Sie auf und legen sie mit der Bildseite nach unten, *ohne sie vorher zu betrachten*, beiseite. Wenn dieses Herausfallen nicht offensichtlich aus Ungeschick geschieht, dann gibt der Tarot auf diese Weise Karten, die auf Aspekte des hinterfragten Problems antworten, die dem Fragesteller nicht bewußt sind und deshalb in der Formulierung der Fragen nicht berücksichtigt werden. Wie mit diesen herausgefallenen Karten umzugehen ist, wird später genauer beschrieben.

C. Das Abheben

Der durch den Mischvorgang entstandene Stapel von Karten wird intuitiv in zwei Stapel geteilt und wieder zusammengefügt, so daß der untere Stapel nunmehr auf den oberen zu liegen kommt. Mit dieser kleinen rituellen Handlung vollziehen wir das Gesetz der Polarität, das besagt, daß alles im Kosmos von zwei polar verschiedenen Kräften (männlich – weiblich, plus – minus, aktiv – passiv) bestimmt wird. Anschließend werden die Karten mit der Bildseite nach unten halbkreisförmig ausgebreitet, so daß von jeder Karte mindestens 1 cm zu sehen ist.

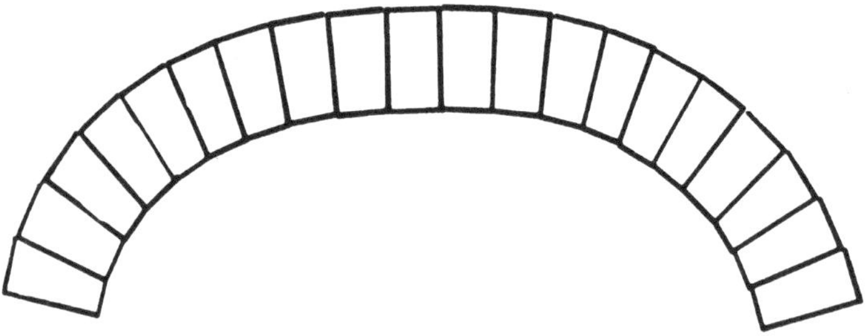

Es ist empfehlenswert, jeden Schritt vom Mischen bis zur Aufdeckung und Positionierung der gewählten Karten auf einem Seidentuch (vorteilhaft aus Rohseide) zu vollziehen. Seide hat einen Isolierungseffekt für energetische Aufladung. Ein in ein Seidentuch gehülltes Tarot-Deck behält seine energetische Imprägnierung länger und reiner. Auch ist es ratsam, für die Tarot-Praxis ein Tarot-Deck zu verwenden, das nur zum eigenen Gebrauch bestimmt ist. Das gleiche gilt auch, wenn ein Tarot-Deck zu Beratungszwecken benutzt wird. Auch dann empfiehlt sich die Verwendung eines nur zu diesem Zweck bestimmten Decks.

D. Wahl der Karten

Um die einzelnen Karten aus dem ausgebreiteten Tarot zu wählen, können Sie verschiedene Methoden anwenden. Die im folgenden beschriebene Vorgehensweise kann erfahrungsgemäß von den meisten Menschen praktisch auf Anhieb erfolgreich ausgeführt werden.

Gleiten Sie mit den Fingerspitzen im Abstand von etwa 1 cm über die im Halbkreis ausgelegten Karten. Welche Hand dabei zu gebrauchen ist und am stärksten reagiert, muß ausprobiert werden. Bei den meisten Menschen ist es die linke Hand, bei manchen aber auch die rechte, und bei einigen wechselt die Sensibilität zeitweise zwischen links und rechts ab. Was zutrifft muß von jedem Fragesteller individuell herausgefunden werden. Als häufigste Reaktion ist ein Wärmegefühl in den Fingerspitzen bekannt. Manchmal kann es auch ein Kribbeln sein, wenn die Hand über eine entsprechende Karte gleitet. Andere wiederum erleben eine Art magnetische Anziehungskraft durch eine spezielle Karte, aber auch der Blick der Augen kann von einer bestimmten Karte angezogen werden und so weiter. Es gibt mehrere Möglichkeiten des Reagierens, und es muß am Anfang sorgfältig eruiert werden, welche Reaktion die genauesten und zutreffendsten Resultate ergibt.

In den meisten Fällen lösen mehr als eine Karte eine Reaktion aus. In diesem Falle gilt es, die Karte herauszufinden und zu wählen, welche die stärkste Reaktion auslöst. Dies geschieht auf folgende Weise: Immer wenn eine deutliche Reaktion verspürt wird, ziehen Sie die betreffende Karte etwa zur Hälte aus dem ausgelegten Halbkreis heraus, damit Sie sie wieder erkennen. Dann werden Sie in einem nächsten Schritt nur noch die herausgezogenen Karten spüren, bis Sie diejenige gefunden haben, welche die stärkste Reaktion auslöst. Dies ist dann die gewählte Karte und die andern werden wieder, *ohne sie zu betrachten*, in den Halbkreis eingefügt.

Ob die gewählte Karte sofort aufgedeckt wird oder erst, wenn alle andern Karten gewählt sind, bleibt dem Ermessen des Fragestellers überlassen. Es gibt Argumente für beide Möglichkeiten, und man kann es in jeder einzelnen Befragung einmal so oder anders handhaben. Auch dazu wird die persönliche Erfahrung mancherlei beitragen.

In den seltenen Fällen, in denen die hier beschriebene Methode auch nach längerer Übung keine Reaktion hervorruft, müssen die Karten mit einer anderen Methode gewählt werden. Der Fragesteller sollte in diesem Fall auch mit anderen Methoden experimentieren und auch gegebenenfalls eigene entwickeln, bis diejenige gefunden ist, welche eine entsprechende Reaktion herbeiführt.

E. Das Auslegen der gewählten Karten

Die gewählten Karten können Sie auf zweierlei Weise anordnen: entweder in einer *vorgegebenen Kombination* oder in einer *freien Kombination.*

Vorgegebene Kombinationsformen finden sich praktisch in jedem Tarot-Buch. Ihr Kennzeichen ist, daß die Karten in einer genau vorgegebenen Weise positioniert werden und jede Karte mit einem bestimmten Thema oder einer Frage verbunden ist, die bereits vorformuliert sind. Das bekannteste Beispiel einer vorgegebenen Kombinationsform ist das sogenannte keltische Kreuz, das aus zehn Karten besteht. Die meisten vorgegebenen Kombinationsformen leiten sich aus der Tarot-Tradition des 19. Jahrhunderts ab und sprechen die Sprache einer Psychologie, die meiner Ansicht nach heute überholt und nur noch eingeschränkt gültig ist. Ich benutze deshalb in meiner eigenen Tarot-Praxis fast ausschließlich freie Kombinationsformen, weil sie den Fragen und Problemen heutiger Menschen mehr entsprechen und präzisere Resultate liefern. Dem Anfänger wird aber geraten, sich übungshalber zuerst mit einfachen vorgegebenen Kombinationen zu beschäftigen. Dabei ist ein Grundgesetz der Tarot-Praxis genau zu beachten, das lautet: *Die Schwierigkeit der Interpretation steigert sich im Quadrat zur Anzahl der ausgelegten Karten.*

Somit gilt die Grundregel: *Mit möglichst wenig Karten ein Maximum von Aussagen erhalten.* Den Tarot-Meister erkennt man daran, daß er aus wenigen Karten viel herauslesen kann, den Anfänger daran, daß er vielen Karten wenig zu entnehmen weiß.

Ein Beispiel einer *vorgegebenen Kombination*, mit der erfahrungsgemäß die meisten und vor allem Entscheidungsfragen zu lösen sind, wird weiter unten gegeben.

Die *freie Kombination* kennzeichnet sich dadurch, daß man mit einer Karte beginnt und dann je nach Interpretation und Thematik weitere Fragen frei formuliert und die gewählte Karte der jeweiligen Thematik entsprechend positioniert. Auf diese Weise können mehrere verschiedene Themenkreise simultan bearbeitet werden.

F. Die Formulierung der Fragen

Der Tarot kann nur dann präzise und treffende Antworten geben, wenn die Fragen entsprechend formuliert worden sind. Deshalb sollten Sie der Formulierung der Fragen größte Sorgfalt schenken. Dabei sind folgende Grundregeln unbedingt zu beachten:

1. Der Tarot sagt keine Ereignisse voraus

Da der Tarot ein Orakel ist, das auf den Grundlagen der Esoterik beruht, setzt der Tarot die absolute Entscheidungsfreiheit jedes einzelnen Menschen voraus. Die Ereignisse der Zukunft gehen nach dem Gesetz von Ursache und Auswirkung aus der Art und Weise hervor, wie man nach freiem Ermessen mit einer in der Gegenwart herrschenden Energiekonstellation umgeht. Je nach dem gestalten sich dann die Ereignisse der Zukunft. Dies gilt auch dann, wenn wir die Zusammenhänge zwischen Ursache und Auswirkungen nicht ohne weiteres zu erkennen vermögen und dann geneigt sind, von Schicksal oder Schicksalschlägen zu sprechen. Konsequenterweise sollten Fragen so formuliert werden, daß sie den Tarot nicht dazu provozieren, ein zukünftiges Ereignis zu prognostizieren.

2. Der Tarot antwortet nicht auf »Entweder–oder«-Fragen

Auch diese Regel beruht auf dem Grundsatz der absoluten Entscheidungsfreiheit des Ratsuchenden. Welche von zwei oder mehr zur Auswahl stehenden Alternativen ergriffen wird, ist auch da dem freien Ermessen des Fragenden überlassen. Der Tarot wird die Energien und Erfahrungen aufzeigen, die mit jeder der möglichen Alternativen verbunden sind. Es ist Sache des Fragestellers, sich nach persönlichem Ermessen für eine dieser Möglichkeiten zu entscheiden, die seinem subjektiven Empfinden am meisten entspricht.

G. Die Interpretation der gewählten Karten

Da der Tarot seine Informationen in der Bildsprache gibt, ist jede Interpretation eine Übersetzung von der Bild- in die Wortsprache. In der Tarot-Praxis ist dies der schwierigste

Schritt, der, wenn er nicht mit der nötigen Sorgfalt unternommen wird, zu zahlreichen Fehlern und Fehlinterpretationen führt. Die Kommentartexte, die im vorliegenden Buch zu den einzelnen Tarotkarten abgefaßt sind, haben zum Ziel, den Fragesteller über diesen heiklen Punkt hinwegzuführen.

Jeder Kommentartext ist mit einem *Schlüsselbegriff* versehen. Der Schlüsselbegriff ist ein Wort, das als Gedächtnisstütze verwendet werden kann, um die Thematik der betreffenden Karte auszudrücken. Der Tarot-Praktiker täte gut daran, sich diese Schlüsselbegriffe nach und nach einzuprägen und als Stichwort zur Interpretation zu verwenden. Wenn der Bedeutungsinhalt einer gewählten Tarot-Karte formuliert werden soll, dann stütze man sich vorerst auf diesen Schlüsselbegriff.

Folgende Regel ist unbedingt zu beachten:

Bevor man auf das hinterfragte Problem eingeht, ist die Bedeutung der Karte an sich zu formulieren.

Die Kommentartexte dieses Buches haben den Zweck, die Bedeutung der Karte an sich, unabhängig vom jeweils hinterfragten Problem, zu erläutern. Dem Anfänger sei empfohlen, diese Texte sorgfältig zu studieren, ihren Inhalt zu verstehen und erst danach den Bedeutungsinhalt in das hinterfragte Problem zu übertragen. Erfahrungsgemäß geschehen hier die meisten Fehler. Man neigt dazu, diese Übertragung zu schnell und in einer voreingenommenen Weise zu vollziehen. Dabei gehen sehr oft wichtige Aspekte verloren oder werden bewußt oder unbewußt nicht wahrgenommen. Erst wenn die Bedeutung der Karte an sich klar ist, sollte der nächste Schritt, die Übertragung, vorgenommen werden.

H. Die Übertragung

Nach jedem Kommentartext finden Sie formulierte Fragen, die nach dem Ziehen der betreffenden Karte zu stellen sind. Diese Fragen dienen dazu, die Übertragung in die persönliche Problematik in der richtigen Art und Weise vorzunehmen. Prüfen Sie die Ihnen zu einem bestimmten Problem gegebene Karte anhand dieser Fragen und versuchen Sie, eine für Sie dann und Ihre spezielle Situation zutreffende Antwort zu formulieren.

Die hier aufgezeigte Methodik mag Ihnen vielleicht auf den ersten Blick mühsam und zeitraubend erscheinen. Bedenken Sie aber, daß die Erlernung der Tarot-Praxis durchaus vergleichbar ist mit dem Erlernen eines Musikinstrumentes. Beides erfordert Geduld, Beharrlichkeit und nicht zuletzt Zeit. Die hier beschriebene Methode ist immer noch die sicherste und schnellste Methode in der Tarot-Praxis, um für jede Frage die jeweils zutreffende Antwort und die weiterführenden Hinweise zu erhalten. Wer ein erfolgreicher Tarot-Praktiker werden will, kommt nicht darum herum, die erwähnten Eigenschaften aufzubringen. Bemühen Sie sich auch stets, den Tarot wie ein menschliches Wesen zu behandeln, mit dem Sie in einen Dialog treten. Ein solches Vorgehen schafft die Voraussetzungen, daß Sie als Fragender auch die richtigen, auf Ihre persönliche Situation zutreffenden Antworten erhalten.

Beispiel für eine vorgegebene Kartenkombination

Als Beispiel folgt nun eine Schritt für Schritt durchgeführte Hinterfragung eines Problembeispiels, wie es sich im Alltag ergeben kann, anhand einer vorgegebenen Kombination. Diese aus drei Karten bestehende Kombination eignet sich auch vorzüglich, um Entscheidungsfragen zwischen zwei Alternativen zu bearbeiten.

Man stelle sich vor, daß jemand daran denkt, zur Verbesserung seiner beruflichen Situation einen Wechsel des Arbeitsplatzes vorzunehmen. Seine Bemühungen haben Erfolg und der oder die Fragende erhält das Angebot, eine besser bezahlte und mit mehr Kompetenz versehene Position im Ausland zu übernehmen. Soweit die Lage. Nehmen wir ferner an, daß der oder die Betreffende noch nicht sicher ist, ob auf dieses Angebot eingegangen werden soll oder nicht. Der Ratsuchende beschließt deshalb, den Tarot zu befragen.

Nachdem der Mischvorgang und die Präparation des Kartendecks in der beschriebenen Weise vollzogen ist, geht der Fragesteller daran, die in der Kombination vorgesehenen drei Karten zu wählen. Als erstes wird ein sogenannter *Signifikator* gewählt. Der als Signifikator bezeichneten Karte kommt die Aufgabe zu, die hinterfragte Thematik einzuengen und zu konzentrieren. Die Existenz eines Menschen umfaßt mehrere Lebensebenen: Beruf, Familie, Freizeit etc. Jeder dieser Lebensbereiche verfügt über ein eigenes Energiefeld, das sich von demjenigen der anderen Bereiche unterscheiden kann. So kann jemand ein durchaus befriedigendes und harmonisches Familienleben führen, am Arbeitsplatz indessen mit Schwierigkeiten konfrontiert sein, die vom Ratsuchenden hinterfragt werden. In diesem Falle gilt der Signifikator nur für den beruflichen Bereich ohne Berücksichtigung des privaten Bereichs.

Nehmen wir einmal an, unser Fragesteller zieht zu seinem beruflichen Bereich die Karte XIII Tod. Der Schlüsselbegriff zu dieser Karte lautet »Transformation«. Damit sagt der Tarot dem Fragesteller, daß in seinem Berufsleben eine Transformation nötig ist. Man beachte, daß der Signifikator nicht anzeigt, welcher Art diese Transformation ist sondern nur, daß ganz allgemein gesehen in der hinterfragten Thematik Transformation nötig ist, und der Fragesteller selbst nach Möglichkeiten dazu suchen soll. Für den Fragesteller stellen sich zwei Möglichkeiten oder Alternativen: Soll ich den Arbeitsplatz wechseln oder nicht?

Hier haben wir nun die klassische *Entweder...oder-Frage*, die der Tarot nach den Regeln der Divination nicht beantworten kann, weil die Entscheidung zwischen diesen in Frage kommenden Alternativen dem freien Willen des Fragestellers unterliegt. Zur näheren Hinterfragung dieser Alternativen ist die Wahl weiterer Karten notwendig. Als nächster Schritt muß die Entweder...oder-Frage in eine *Wenn...dann-Frage* umgewandelt werden. Die erste Frage lautet dann: Was ist, *wenn* ich mich für die Möglichkeit entscheide, den Arbeitsplatz zu wechseln? Dazu gibt der Tarot Drei der Stäbe. Der Fragesteller kann nun in den Kommentaren zu den Karten die Ausführungen zu Drei der Stäbe nachschlagen. Das Schlüsselwort dazu lautet »Verwurzelung«. Damit macht der Tarot darauf aufmerksam, daß das Thema Verwurzelung bei der mit dieser Karte verbundenen Entscheidungsmöglichkeit eine zentrale Rolle spielt, die vom Fragesteller genauer zu untersuchen ist. So kann die Verwurzelung zum Beispiel darin bestehen, daß der Fragesteller an seinem jetzigen Arbeitsort eine Eigentumswohnung besitzt, ein festes und befriedigendes Beziehungsnetz an Freunden und Bekannten aufgebaut hat etc. Der Tarot macht den Fragesteller darauf aufmerksam, daß unter Umständen diese Verwurzelungen aufgegeben werden müssen, wenn er einen neuen Arbeitsplatz antritt, etwa indem er diesen an einem anderen Ort findet und dadurch gezwungen ist, das bestehende Umfeld in dem er sich verwurzelt fühlt, preiszugeben.

Als nächster Schritt wird eine Karte gewählt, die mit der Frage verbunden ist: Was ist *dann*, wenn ich mich dazu entschließe, an meinem bisherigen Arbeitsplatz zu bleiben und nach Möglichkeit die notwendige Transformation unter diesen Umständen anzustreben? Zu dieser Frage gibt der Tarot die Karte Sechs der Kelche. Der Schlüsselbegriff zu dieser Karte lautet: die wiedergefundene Freude. Damit weist der Tarot den Fragesteller darauf hin, daß es notwendig ist, in der bisherigen Tätigkeit neue Freude zu finden. Der Tarot sagt nicht, wenn du bleibst, wirst du neue Freude finden, denn dies wäre die Prognose eines Ereignisses, sondern weist den Fragesteller auf die Notwendigkeit hin, innerhalb der bestehenden Situation nach Möglichkeiten zu suchen, die dazu geeignet sind, neue Freude und Befriedigung zu finden. Auch das ist Transformation, die in diesem Falle mehr nach innen verlegt wird, indem der Fragesteller aufgefordert wird, seiner bisherigen Tätigkeit neue Aspekte abzugewinnen und mit veränderter Einstellung zu begegnen. Das Resultat dieser Bemühungen kann durchaus wiedergefundene Freude sein, die einen äußeren Wechsel und die Preisgabe der Verwurzelung unnötig machen. Es ist nun am Fragesteller, unter Berücksichtigung der vom Tarot aufgezeigten Umstände die ihn am meisten ansprechende Möglichkeit zu wählen und zu realisieren. Die ausgelegte Kombination bietet dann folgendes Bild:

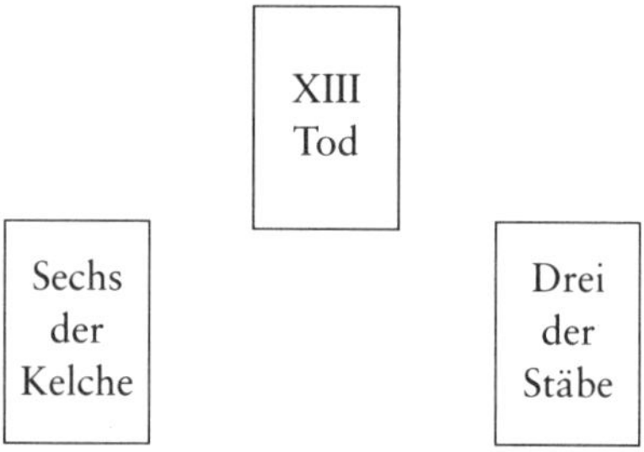

Nehmen wir noch an, daß dem Fragesteller beim Mischen der Karten eine herausgefallen ist, die er zur späteren Betrachtung beiseitegelegt hat. Diese herausgefallenen Karte ist Acht der Stäbe. Die Schlüsselbegriffe zu dieser Karte lauten Schnelligkeit, Entschiedenheit. Damit gibt der Tarot dem Fragesteller zu verstehen, daß er bei der Entscheidung und Realisierung der hinterfragten Thematik nicht zu lange warten sollte, sondern Schnelligkeit und Entschiedenheit nötig sind, was in der Frage nicht berücksichtigt wurde.

Mit der Wenn...dann-Methode können die meisten der anfallenden Entscheidungsfragen bearbeitet und gelöst werden.

Beispiel für eine freie Kartenkombination

Freie Kombinationen empfehlen sich dann, wenn die Problemlage nicht eindeutig ist und sich keine klaren Alternativen anbieten, und ferner dann, wenn verschiedene Lebensbereiche in die Thematik der Fragen verknüpft sind.

Nehmen wir einmal an, ein Fragesteller empfindet in seinem Leben ein mehr oder weniger großes Unbehagen, das ihm anzeigt, daß etwas nicht mehr stimmt, auch wenn der Grund zu diesem Unbehagen weitgehend noch nicht faßbar ist. Nehmen wir an, der Fragesteller zieht einen Signifikator zum Thema seines momentanen Unbehagens und erhält XX Gericht. Der Schlüsselbegriff zu dieser Karte lautet: Reinkarnation. Damit ist gemeint, daß der Fragesteller die Bedeutung, die Reinkarnation im Bereich des Makrokosmos hat, in sein persönliches Leben, in seinen Mikrokosmos, nach dem Gesetz »Wie oben, so unten«, übertragen soll. Veränderung ist also auch hier angesagt, doch gezielter mit dem Akzent auf Erneuerung, Neuanfang, Wiederauferstehung. Da der Fragesteller sich nicht sicher ist, ob das Unbehagen seinen Grund im beruflichen Bereich oder in seinem Privatleben hat, wählt er für beide Bereiche je eine Karte. Für den privaten Bereich zieht er Ritter der Kelche und für den beruflichen Drei der Münzen. Schlüsselbegriff für Ritter der Kelche ist »Gefühlsausdruck« und die Schlüsselbegriffe für Drei der Münzen lauten »Arbeit, Klausur«. Wenn die beiden Karten miteinander verglichen werden, zeigt sich ein Konflikt. Einerseits weist Ritter der Kelche dazu an, im Privatbereich mehr Gefühlsausdruck zu zeigen. Dem entgegen steht aber die Erfordernis, sich zur Bewältigung seiner Arbeit klausurmäßig abzugrenzen. In diesem Falle müssen die beiden Gegensätze, die den Grund des Konflikts bilden, zu einem Ausgleich, einer Synthese gebracht werden. Dazu wird eine weitere Karte gezogen, die in der ausgelegten Kombination die beiden Bereiche symbolisch verbindet. Diese Karte ist IXX Die Sonne.

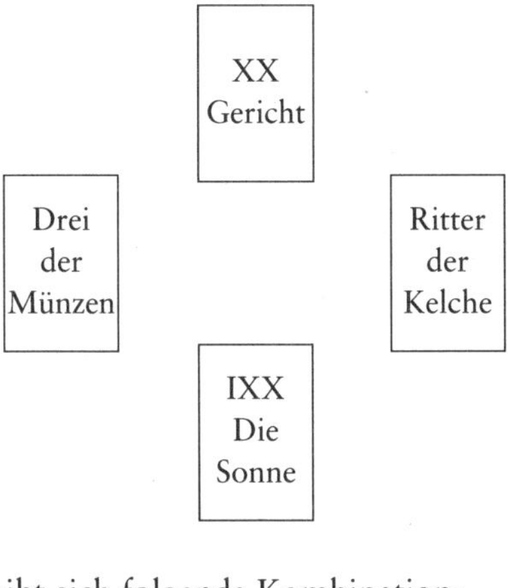

Damit ergibt sich folgende Kombination:
Die Schlüsselbegriffe zu dieser Karte lauten: Geburt, (vorwärtsgerichtete) Bewußtheit, Kommunikation. Da diese Karte aus der Reihe der Großen Arkana stammt, ist dem

Fragesteller damit eine Aufgabe gestellt, die er zu lösen hat, eine Erfahrung, der er sich stellen sollte. Der Ratsuchende sollte sich des Konfliktes und seiner Erscheinungsform *bewußt* werden. Da es sich um vorwärtsgerichtete Bewußtheit handelt, wird damit zum Ausdruck gebracht, daß sich dieser Konflikt auch in der Zukunft immer wieder bemerkbar machen wird. Die Lösung liegt in der Kommunikation, die bewußter gepflegt werden soll. Soviel Klausur und Konzentration wie nötig, aber auf der anderen Seite soviel Kommunikation wie möglich. So etwa könnte die Antwort lauten, die aus dieser Kombination hervorgeht.

Die Gefahr der freien Kombinationen liegt darin, daß sie leicht durch das Ziehen immer neuer Karten ins Uferlose auswachsen können. Man kann dieser Gefahr dadurch begegnen, indem man sorgfältig darauf achtet, wann die ausgelegten Karten ein sogenanntes *Mandala* bilden, eine geschlossene Form, die das hinterfragte Problem in sich abgerundet enthält und beantwortet oder die verschiedenen Bereiche in einer harmonischen und sinnvollen Weise miteinander verbindet.

Tarot-Beratung

Nicht immer ist die Befragung des Tarot ein Dialog unter vier Augen zwischen Ratsuchendem und Tarot. Es kann vorkommen, daß jemand, der über Tarot wenig bis kein Wissen hat, ihn zur Befragung einer Thematik heranziehen möchte. In diesem Falle ist eine Beratung durch eine Person, die über das nötige Wissen verfügt, nützlich oder gar notwendig. Eine solche Beratung kann durchaus erfolgreich und gut durchgeführt werden, wenn sich der Berater an einige wenige aber sehr wichtige Regeln hält.

Zunächst achte der Berater darauf, dem Fragesteller die Informationen über den Bedeutungsinhalt der Karten zu übermitteln, über die der Fragesteller nicht verfügt. Man hüte sich vor allem davor, mehr als unbedingt erforderlich, in die Phase der Übertragung des Karteninhaltes in die hinterfragte Thematik einzugreifen.

Der Berater respektiere die absolute Entscheidungsfrei-

heit des Fragestellers und dränge ihm keine Meinung oder Entscheidung auf.

Der Berater sei sich darüber im klaren, daß er oder sie mit der eigenen Problematik konfrontiert und damit in die Beratung involviert ist. Man versuche stets, hier die notwendige Grenze zu ziehen.

Der Berater wähle die Formulierung seiner Hinweise vorsichtig und behutsam. Am besten halte man sich an die Instruktionen, die mir mein Lehrer zu meiner eigenen Beratungspraxis gegeben hat:

- *Denke immer daran, wenn du jemandem etwas sagst, was derjenige oder diejenige wirklich braucht.*
- *Formuliere die sich dir zeigende Wahrheit in der Art und Weise, daß sie für die Bedürftigkeit deines Ratsuchenden auch stimmt.*
- *Gib Liebe, wo Liebe verlangt wird, Verständnis, wo Verständnis verlangt wird.*
- *Formuliere deine Hinweise in möglichst sanfter Art und Weise.*
- *Frag immer, soll ich das jetzt sagen, darf ich das jetzt sagen.*
- *Tue deine Arbeit, indem du auf die Stimme des Lichtes in dir lauschest. Drücke einfach dadurch Liebe aus.*
- *Laß diejenigen, die noch nicht reif sind, in Liebe dort, wo sie momentan halt ihrer Meinung nach sein müssen.*
- *Aber denen, die bereit sind, sollst du Starthilfe geben, einige Sprossen zu erklimmen in ein höheres Bewußtsein, in ein weiteres und umfassenderes Erkennenkönnen des Sinns, und hineinzukommen in ein beglückenderes, freundlicheres, erfreulicheres Leben, so wie es immer möglich ist, selbst in den allerschwierigsten Situationen.*

I Der Magier

Schlüsselbegriffe: Tatkraft, magisches Handeln an der Materie, die Tat als männlich-dynamisches Handeln, Wille, »Wie oben so unten«

Die Grunderfahrung, die durch das Tarotbild des Magiers vermittelt wird, besteht in der Erkenntnis, daß der Mensch dort, wo er angesiedelt ist – nämlich auf der Ebene der Materie – im Rahmen seiner Möglichkeiten und Grenzen magisch handeln kann. Magisches Handeln bedeutet, mit bewußtem Willen Veränderungen herbeizuführen. Daraus ergibt sich, daß nicht jedes Handeln rin magisches Handeln ist. Es gibt auch die bloße Aktivität, die zwar äußerlich betrachtet ein Bild von Geschäftigkeit vermittelt, aber letztlich keine Veränderungen herbeiführt und alles beim alten läßt. Das ist die Aktivität des Gauklers und nicht die Tatkraft des Magiers.

Magisches Handeln umfaßt vier Komponenten: Wille, Bewußtheit, Aktion, Veränderung als Resultat. Diese vier Komponenten werden durch die Symbolik der vier magischen Werkzeuge dargestellt, die auf dem Tisch vor dem Magier zur Auswahl bereitliegen:

Der *Stab* entspricht dem Willen, der, einem Zündfunken gleich, am Anfang jeder Tat stehen muß, um den Prozeß überhaupt in Gang zu bringen.

Der *Kelch* steht für Bewußtsein und Wissen. Damit ist nicht das Wissen als reine Information gemeint, die wir jeden Tag mehr oder weniger den Medien entnehmen. Gemeint ist das zielorientierte Wissen, das »Gewußt wie«, das unumgänglich vorhanden sein muß, wenn unser Handeln zu einem gewollten Resultat führen soll.

Das *Schwert* steht für die Aktion selbst, die dadurch gekennzeichnet ist, daß Dinge bewegt und eben dadurch Veränderungen herbeigeführt werden.

Die *Münze* repräsentiert diese Veränderung selbst: zum Resultat gewordene verfestigte Energie, die nun ihrerseits in dieser Form bereit ist, neues oder das Alte fortsetzende Handeln zu ermöglichen.

Daß die vier magischen Werkzeuge auf dem Tarot-Bild auf einem Tisch vor dem Magier ausgebreitet sind, soll darauf hinweisen, daß das magische Handeln dieses Bildes im weitesten Sinne mit der Materie verbunden ist und an ihr vollzogen wird.

Das magische Handeln von I Der Magier wird als männlich-dynamisches Handeln bezeichnet. Dabei ist wichtig zu wissen, daß »männlich« in der Sprache des Tarot nicht verwendet wird, um eine gesellschaftliche, geschlechtsspezifische Rolle zu definieren, sondern als Bezeichnung für eine sich als *Bewegung* äußernde Energieform. In diesem Sinne bedeutet männlich-dynamisch ganz allgemein, auf die Dinge (das Problem) zuzugehen, die Dinge anzupacken und aktiv auf sie einzuwirken. Genau das will der Tarot auch ausdrücken, wenn er die Karte I Der Magier gibt.

Magisches Handeln erhält seinen tieferen Sinn und damit die Dauerhaftigkeit der Veränderung nur dann, wenn es nicht isoliert steht, sondern in einen größeren, in diesem Falle kosmischen Bezug eingebunden ist. Dieser Umstand wird durch die Worte »wie oben so unten« zum Ausdruck gebracht. Auf allen Ebenen des Universums gilt die gleiche große kosmische Ordnung. Diese muß auf der höheren oberen Ebene erkannt und bewußt gemacht werden, worauf dann der Magier darangehen kann, sie auf der ihm zugänglichen Ebene, also »unten«, mittels seines magischen Handelns nachzuvollziehen. Somit kann I Der Magier uns auch dazu auffordern, diesen höheren kosmischen Bezug in unserem hinterfragten Problem zu erkennen und dann unser die Lösung anstrebendes magisches Handeln danach auszurichten.

Fragen, die nach dem Ziehen dieser Karte zu stellen sind:

Will mich der Tarot mit I Der Magier darauf hinweisen, daß ich die Lösung meines hinterfragten Problems mit Tatkraft und magischem Handeln angehen soll?

Will mich der Tarot mit I Der Magier auffordern, mir darüber bewußt zu werden, welche der magischen Werkzeuge, Stab, Kelch, Schwert oder Münze, sich zur Lösung des hinterfragten Problems am besten eignen?

Stellt mir der Tarot mit I Der Magier die Aufgabe, herauszufinden, in welchem Zusammenhang mein hinterfragtes Problem mit der großen kosmischen Ordnung steht, will er mich anweisen, mein hinterfragtes Problem in diesem Sinne zu lösen?

II Die Hohepriesterin

Schlüsselbegriffe: Die Dinge auf sich zukommen lassen, Offenheit, Erfahrungsbereitschaft, Weibliche Formgebung

Nicht immer ist tatkräftiges Handeln angezeigt, wenn es darum geht, ein Problem zu lösen. Es gibt Situationen, in denen es besser ist, erst einmal abzuwarten und die Dinge auf sich zukommen zu lassen. In diesen und ähnlichen Situationen gibt uns der Tarot die Karte II Die Hohepriesterin, welche uns raten will, im hinterfragten Problem zunächst einmal eine eher passiv abwartende Haltung einzunehmen, um zu sehen, wie sich die Situation entwickelt. Der Begriff »passiv« darf aber nicht im Sinne von »untätig« verstanden werden. Wie alles im Tarot weist auch das Wort »passiv« auf ein energetisches Geschehen hin. Passiv, im esoterischen Sinne verstanden, ist ein sinnverwandtes Wort für empfangen, aufnehmen, bergen. Das bedeutet, die richtigen Bedingungen und Formen zu schaffen, damit wir etwas – oder eine Situation – in der richtigen, also naturgegebenen Form entwickeln und zu seiner Bestimmung kommen lassen können.

Der Kopfschmuck der Hohepriesterin zeigt, daß wir in ihr unter anderem mit dem gleichen Archetyp konfrontiert sind, wie er durch die ägyptische Göttin Isis dargestellt wird. Isis ist das fruchtbare Land zu beiden Seiten des Nils, das die Saat aufnimmt, um sie dem Gesetz der Natur entsprechend wachsen und reifen zu lassen. Die Dinge auf sich zukommen und ihnen ihren Lauf zu lassen bedeutet deshalb nicht ein blindes Vertrauen, sondern ein Vertrauen in die Gesetzmäßigkeit und Ordnung des Kosmos, die sich auf der materiellen Ebene in den Gesetzen (Tora) der Natur zeigt. Wenn ich mir durch Ungeschick eine Wunde zugefügt habe, dann darf ich darauf vertrauen, daß sie nach entsprechender Versorgung innerhalb einer angemessenen Zeit verheilen wird, weil diese Heilung und Regeneration innerhalb der kosmischen Gesetzmäßigkeit angelegt ist.

Gibt der Tarot Die Hohepriesterin, dann will er uns darauf hinweisen, im hinterfragten Problem auf die Wirksamkeit der – kosmisch gesehen – weiblichen Kräfte zu vertrauen. Das bedeutet, den Lauf der Dinge abzuwarten im Vertrauen darauf, daß dieser Verlauf natürlich, also der Natur entsprechend sein wird. Es bedeutet ferner, offen und bereit zu sein für Erfahrungen, die nur gemacht werden können, wenn wir uns jeder eingreifenden, manipulierenden oder ablenkenden Aktivität enthalten. Das einzige, was zu tun bleibt, ist, dem Kelch gleich, die Form bereit zu halten oder zu schaffen, innerhalb derer sich das vollziehen kann, was sich vollziehen soll.

Wenn Frauen diese Karte erhalten, werden sie aufgefordert, sich auf ihre ureigenen weiblichen Energien zu besinnen und mit deren Hilfe das hinterfragte Problem zu lösen. Erhält ein Mann diese Karte, kann sie die Aufforderung bedeuten, sich auf die Konfrontation mit dem Weiblichen, im Sinne des passiv aufnehmenden Empfangenden, einzulassen.

Fragen, die nach dem Ziehen dieser Karte zu stellen sind:

Will mich II Die Hohepriesterin auffordern, die Dinge auf mich zukommen zu lassen und mich ihrem natürlichen, also naturhaften Lauf anzuvertrauen?

Will mich II Die Hohepriesterin auffordern, mich für eine Erfahrung frei und offen zu halten, die ich durch allzu große Aktivität und Geschäftigkeit verhindern würde?

Will mich II Die Hohepriesterin auffordern, Bedingungen und Formen zu schaffen für etwas, das sich ereignen soll, oder für jemanden, der in mein Leben treten kann?

III Die Herrscherin

Schlüsselbegriffe: Kreativität, Kultur, die Mutter

Die auf der Karte III Die Herrscherin abgebildete weibliche Figur stellt eine Gottheit dar, die unter dem Namen Venus bekannt ist. Venus wird allgemein für die Göttin der Liebe gehalten, was genau genommen nicht richtig ist. Schuld daran tragen die Römer, welche einfach Struktur und Charaktere der griechischen Götter unter anderem Namen für ihre eigene Religion adaptierten und Venus mit der griechischen Liebesgöttin Aphrodite gleichsetzten. Dabei ist Venus eine schon aus der vorrömischen Zeit stammende Gartengöttin.

Der Begriff des Gartens ist denn auch bestens geeignet, zur Energie hinzuführen, die mit Karte III Die Herrscherin verbunden ist. Von der freien, wilden Natur unterscheidet den Garten, daß er angelegt, kultiviert und damit Ausdruck des bewußt gestalteten menschlichen Willens ist. In einem gut angelegten Garten ist für gewöhnlich nichts dem Zufall überlassen. Alle seine Pflanzen und jedes seiner Elemente sind bewußt so und nicht anders angelegt. Mit einem Wort, der Garten ist *kultiviert* und damit Ausdruck menschlicher *Kreativität*.

Kreativität im weiteren Sinne ist denn auch die Bedeutung der Karte III Die Herrscherin. Kreativität existiert in zweierlei Sinn: Es gibt zunächst einmal die biologische Kreativität, wie sie sich in der Fortpflanzung und Vermehrung des Lebens zeigt. Auf diese Kreativität wird in manchen Tarotdecks hingewiesen, indem die Herrscherin als schwangere Frau oder als Mutter mit einem kleinen Kind dargestellt wird. So ist denn die Mutter und alles, was mit Mutterschaft verbunden ist, ebenfalls als Energie und Erfahrung in dieser Karte enthalten. Ein besonderer Aspekt der Mutterschaft ist die *Geburt,* der nicht mehr rückgängig zu machende Akt, durch den sich ein Lebewesen erstmals selbständig in der Welt manifestiert.

Aber nicht nur der biologische Aspekt der Kreativität ist in III Die Herrscherin enthalten. *Es gibt ebenso eine Kreativität des Geistes und der Hand.* Auf diese wird im Tarotbild meist dadurch hingewiesen, daß die Herrscherin in kostbare Gewänder gekleidet und ihr Sitz reich verziert ist. Manchmal ist sie auch sonst noch geschmückt und mit Gegenständen des Kunsthandwerks umgeben.

Wenn der Tarot III Die Herrscherin gibt, will er zum Ausdruck bringen, daß das hinterfragte Problem zu seiner Lösung Kreativität im weitesten Sinne erfordert, der Fragende sich also etwas einfallen lassen soll. Weiter kann der Tarot darauf hinweisen, daß der Ratsuchende sich seiner kreativen Kräfte und Möglichkeiten im weitesten Sinne bewußt werden und sie entsprechend einsetzen sollte.

Bei Fragen, die durch eine entsprechende Thematik bestimmt und eingegrenzt sind, kann der Tarot auf die Mutterproblematik mit all ihren Schattierungen hinweisen, von der eigenen Mutter und ihrer je nachdem nährenden, fördernden oder verschlingenden Seite bis zur – bei Frauen – persönlichen Mutterschaft als gegenwärtige oder künftige Aufgabe.

Fragen, die nach dem Ziehen dieser Karte zu stellen sind:

Will mich der Tarot mit III Die Herrscherin darauf hinweisen, daß zur Lösung des hinterfragten Problems meine Kreativität verlangt wird, ich mir also etwas einfallen lassen muß?

Will mich der Tarot mit III Die Herrscherin darauf aufmerksam machen, mir ganz generell meiner Kreativität bewußt zu werden und sie ebenso bewußt einzusetzen?

Will micht der Tarot mit III Die Herrscherin darauf aufmerksam machen, daß beim hinterfragten Problem das Thema Mutter und Mutterschaft eine wichtige Rolle spielt?

IV Der Herrscher

Schlüsselbegriffe:
Menschliche, soziale Ordnung, der Vater

Wenn der Mann ein Kind gezeugt hat, ist er rein aus der biologischen Perspektive gesehen eigentlich überflüssig und kann sterben. Denn ebenfalls von der Natur her gesehen ist es nun dic Mutter, der das heranwachsende neue Leben anvertraut ist. Somit ist die Natur vor allem am Überleben der Frau und Mutter interessiert, welche sie auch mit allem Nötigen dazu ausgestattet hat: mit Liebe, Kraft, Zähigkeit, und wo es darauf ankommt, ihre Aufgabe auch ohne männliche Hilfe zu bewältigen, sogar mit Rücksichtslosigkeit und Härte.

Dieser Umstand zwingt den Mann, seine weitere Lebensberechtigung sich selbst und der Frau gegenüber ständig unter Beweis zu stellen. Er hat dies getan, indem er die Aufgabe übernimmt, die soziale und menschliche Ordnung zu errichten, die zum Schutz des immerwährenden Lebens notwendig ist, und entlastet somit die Frau von dieser Aufgabe.

Die soziale Ordnung, die der Mann schafft, wird in den meisten Fällen und immer wieder eine patriarchale sein, weil es dem Mann instinktiv gelingt, den einzigen Vorteil auszuspielen, den er von der Natur her der Frau gegenüber hat: Wiederum von der Natur aus gesehen *braucht* die Frau den Mann, um durch die sexuelle Vereinigung ihre höchste natürliche Bestimmung, die Mutterschaft, zu erreichen. Der Mann braucht aber nicht notwendigerweise die Frau, um die ihm in der gleichen Situation höchste mögliche Stufe, die sexuelle Lust, zu erlangen.

So gelingt es dem Manne immer wieder, die Frau trotz ihrer naturgegebenen überlegenen Stärke zu Zugeständnissen und Unterordnung zu bringen. Seine fehlende Gebärfähigkeit kompensiert der Mann durch die Schaffung von Kultur und Kunstwerken.

Das Patriarchat ist aus der permanenten Todesangst des Mannes heraus entstanden. Alle Rituale der männlich-väterlichen Welt gelten denn auch der Überwindung dieser Todesangst oder dem Umgang mit ihr in der Darstellung und Verherrlichung von Lebenskraft und Stärke durch Sieg und Niederlage. Auf diese Weise wird der Mann-Vater zum Kämpfer und Krieger – einzige »Legitimation« seines Überlebensrechtes nach Erfüllung seiner Aufgabe im Akt der Fortpflanzung.

All das ist im Tarotbild IV Der Herrscher bildhaft dargestellt: Der Vater als Schöpfer der sozialen Ordnung und als Krieger zu deren Verteidigung und Erhaltung. Gibt der Tarot zu einem hinterfragten Problem IV Der Herrscher, so weist er darauf hin, daß die Lösung in irgendeiner Weise mit den hier dargestellten Gedankengängen verbunden ist.

Diese Gedankengänge stellen sich natürlich aus verschiedenen Perspektiven dar, je nachdem, ob es sich um einen Mann oder eine Frau handelt, die mit dem Erfahrungsbereich dieser Karte konfrontiert werden.

Immer geht es zunächst um eine *äußere* Ordnung oder Struktur, die nicht nur den größeren sozialen Bereich, sondern in den meisten Fällen den Bereich der eigenen Umwelt, wie Haushalt, individuelle Lebensführung, Berufsleben und so weiter umfassen wird. Hier kann IV Der Herrscher eine Aufforderung bedeuten, Ordnung zu schaffen, oder eine unreflektiert übernommene Ordnung auf ihre aktuelle Gültigkeit hin zu hinterfragen.

Ferner kann IV Der Herrscher auch ein Hinweis zur Auseinandersetzung mit dem Vater schlechthin sein, handle es sich nun um den eigenen leiblichen Vater und um die von ihm geschaffene oder tradierte und repräsentierte Lebensordnung, oder um das eigene Vatersein, das als Energie im oben erwähnten Sinne nicht ausschließlich dem Manne zu eigen ist, sondern potentiell auch in jeder Frau als Fragment ihres männlichen Persönlichkeitsanteils angelegt ist.

IV der Herrscher ist eine der komplexesten Karten des ganzen Tarot und deshalb manchmal auch recht schwierig in das hinterfragte persönliche Problem zu übertragen. Immer ist jedoch zu beachten, daß das Ordnungsprinzip von IV Der Herrscher die *menschlich-soziale Ordnung* umfaßt und nicht die höhere kosmische Ordnung (dargestellt in X Das Rad des Schicksals) betrifft, die immer von Menschen geschaffen und bewahrt wird. Diese menschliche soziale Ordnung kann natürlich mit der großen kosmischen übereinstimmen oder im Widerspruch dazu stehen. In diesem Sinne gesehen ist die menschliche soziale Ordnung auch jederzeit abwandelbar und anpassungsfähig an die gerade bestehenden Verhältnisse. *Moral* und *Konvention*, die einen wichtigen Teil von IV Der Herrscher darstellen, sind relative, also wandelbare und keine absoluten Ordnungen und Gesetze.

Fragen, die nach dem Ziehen dieser Karte zu stellen sind:

Will mich der Tarot mit IV Der Herrscher darauf hinweisen, daß in meinem Leben etwas geordnet, neugeordnet oder die bestehende Ordnung hinterfragt werden soll?

Will mich der Tarot mit IV der Herrscher dazu auffordern, mich mit dem Vater – handle es sich dabei um den leiblichen Vater oder um mein eigenes Vatersein – oder mit der väterlichen Welt schlechthin, dem Patriarchat und seiner überlieferten Ordnung, auseinanderzusetzen?

V Der Hierophant

Schlüsselbegriffe: Das höhere Selbst, »höre auf deine innere Stimme«

Soweit wir es überblicken können, unterscheidet sich der Mensch von den anderen Lebewesen dieser materiellen Ebene dadurch, daß er fähig ist, aus Einsicht heraus zu handeln. Diese Einsicht ist dem Menschen nicht ohne weiteres von selbst gegeben, sondern erwächst als Ergebnis aus einem Prozeß der Bewußtseinserweiterung. Diese Bewußtseinserweiterung befähigt den Menschen, Dinge, die er mit seinen Sinnen wahrnehmen kann, in einen größeren und vor allem auch höheren Zusammenhang zu bringen, woraus dann Einsicht erfolgen kann.

Seit jeher wird jemand, der über diese höhere Einsicht verfügt, ein »Eingeweihter« genannt. Bei der Betrachtung von V Der Hierophant müssen wir in besonderem Maße daran denken, daß uns der Tarot aus einer archaischen Zeit überliefert worden ist und daß damals Einweihung nur an besonders ausgewählte Menschen erteilt wurde. Dies war Aufgabe besonderer Mysterienschulen, deren höchste Priester den Titel »Hierophant« trugen, was auf deutsch »einer, der heilige Dinge erklärt« bedeutet. Das klassische Motiv des Tarotbildes V Der Hierophant zeigt denn auch den Hierophanten, wie er zwei Mysterienschüler in diesen höheren Weisheiten unterweist.

Eine der wichtigsten Lehren aller Mysterienschulen war stets der Hinweis auf die Tatsache, daß in jedem Menschen ein Teil des Göttlichen vorhanden ist. »Es ist kein Teil an mir, der nicht von den Göttern ist«, lautet der entsprechende Satz, wie er uns von den ägyptischen Mysterien überliefert ist.

Diese Göttlichkeit im Menschen wird das »höhere Selbst« genannt und macht ihn zu einem kleinen Universum innerhalb des großen Universums, zu einem Mikrokosmos innerhalb des Makrokosmos. Das höhere Selbst ist einer Steckdose vergleichbar, durch welche die höhere göttliche Energie in uns hineinfließen kann, sofern bei uns die entsprechende Bereitschaft zu Kontakt vorhanden ist.

Diese höhere göttliche Energie macht sich in uns auf eine Art und Weise bemerkbar, die gerne als die »innere Stimme« bezeichnet wird, indessen mehr einer vertieften Intuition gleicht als einer akustisch wahrnehmbaren Stimme.

Gibt uns der Tarot V Der Hierophant, so will er uns auffordern, das in uns angelegte höhere Selbst zu aktivieren und auf die von ihm vermittelten Botschaften zu achten, um unser Tun und Handeln davon bestimmen zu lassen. »Handle aus einer höheren Erkenntnis heraus, ganz gleich, auf welchem Wege sie dir zuteil wird«, könnte ein weiterer Schlüsselsatz sein, der uns durch V Der Hierophant vermittelt wird.

Fragen, die nach dem Ziehen dieser Karte zu stellen sind:

Will mich der Tarot mit V Der Hierophant auffordern, mein höheres Selbst im Sinne einer Bewußtseinserweiterung zu aktivieren?

Will mich der Tarot durch V Der Hierophant auffordern, bei der Lösung des hinterfragten Problems auf meine innere Stimme, die sich mir durch mein höheres Selbst kundtut, zu achten und zu vertrauen?

VI Entscheidung
Die Liebenden

Schlüsselbegriffe:
Entscheidungsfreiheit, Karma,
Liebe unter Willen

Das Bild des VI. Tarotbildes aus der Reihe der Großen Arkana ist in der Tradition in zwei Versionen überliefert. Obgleich die beiden Bildmotive verschieden gestaltet sind, ist ihre Aussage dieselbe, und nur der Akzent ist etwas anders gesetzt.

In Tarotdecks, die sich stark an den Tarot de Marseille anlehnen, ist ein junger Mann zu sehen, der sich offensichtlich zwischen zwei Frauen zu entscheiden hat. Gleichzeitig ist vom oberen Bildrand her die Spitze eines Pfeils auf sein Herz gerichtet.

A. E. Waite und andere von ihm beeinflußte Tarotdecks stellen Adam und Eva im Paradies dar, nachdem sie die Frucht vom Baum des Wissens um Gut und Böse (dem Baum des Gesetzes) gegessen haben.

Gemeinsam ist beiden Bildmotiven, daß sie den Menschen auf seine Fähigkeit der *freien Entscheidung* aufmerksam machen. Der Mensch ist nicht wie das Tier nur mit Trieben und Instinkten ausgerüstet, sondern verfügt auch über die Möglichkeit, aus *Einsicht* heraus zu handeln, notfalls auch gegen seine ureigensten Triebe und Instinkte.

Jede Entscheidung, die der Mensch aus seiner Entscheidungsfreiheit heraus trifft, hat Folgen. Der auf das Herz des jungen Mannes gerichtete Pfeil ist der Pfeil des Karmas, der ihn je nach seiner Entscheidung treffen kann, was bedeutet, daß der Mensch für seine gefällten Entscheidungen die Verantwortung übernehmen muß, auch wenn er bezüglich der Richtigkeit der Entscheidung nicht in jedem Fall sicher sein kann.

Diese Angst vor der Verantwortung ist auch der Grund, warum Adam und Eva nach dem Genuß der Frucht ihre voneinander verschiedenen Geschlechtsmerkmale verdecken. Sie wollen sowohl das Gesetz der Polarität, das ihnen unerbittlich bewußt geworden ist, als auch den Umstand nicht wahrhaben, daß sie von nun an in jeder Sekunde ihres Lebens eine Entscheidung zu treffen, ein Ja oder Nein zu äußern haben, das richtig oder falsch sein kann und entsprechende Konsequenzen hat.

Das Bildmotiv von Adam und Eva setzt in bezug auf die Entscheidungsfreiheit den Akzent mehr auf den zwischenmenschlichen Bereich, auf die Ich-Du-Beziehung. Wir können einen anderen Menschen entweder akzeptieren oder ablehnen, können ihn lieben oder nicht lieben. Nun ist allerdings hier mit Liebe nicht die triebhafte, instinkthafte gemeint, die abhängig ist von einem gelegentlichen Hormonstoß und anderen biologisch gegebenen Faktoren, welche der Mensch mit dem Tier gemeinsam hat.

Die hier gemeinte Liebe ist eine Liebe, die aus der Entscheidungsfreiheit heraus bewußt gegeben und gelebt wird. Deshalb wird sie zur *Liebe unter Willen*. Diese Liebe hat sehr viel mit dem Erkennen des Wesens des uns gegenüberstehenden Du zu tun, ist ein Bejahen, das in manchen Fällen ein Trotzdem-Bejahen bedeuten kann. Liebe unter Willen ist stets eine freie Liebe, womit nicht Promiskuität gemeint ist, sondern vor allem eine Liebe, die aus einem freien Willen heraus gegeben wird. Ich liebe dich, weil ich mich *entschieden* habe, dich zu lieben. Diese Liebe unter Willen ist letztlich diejenige, die Jesus von Nazareth, der Christus, meint, wenn er das Wort »Liebe« verwendet.

Wenn der Tarot zu einem hinterfragten Problem VI Die Liebenden gibt, will er den Fragenden in erster Linie darauf aufmerksam machen, daß er das hinterfragte Problem nur lösen kann, wenn er bewußt von seiner Entscheidungsfreiheit Gebrauch macht und sich der damit verbundenen karmischen Verantwortung stellt.

In Fragen, die den zwischenmenschlichen Bereich betreffen, weist uns der Tarot mit VI Die Liebenden auf die Fähigkeit zur Liebe unter Willen hin, die freilich nur nach entsprechender Persönlichkeitsschulung und Bewußtseinsentwicklung zu erreichen und zu handhaben ist.

Fragen, die nach dem Ziehen dieser Karte zu stellen sind:

Will mich der Tarot mit VI Entscheidung / Die Liebenden darauf aufmerksam machen, daß ich die Lösung des hinterfragten Problems vollkommen aus meiner persönlichen Entscheidungsfreiheit heraus finden kann, mir aber dabei meiner Verantwortung (Karma) bewußt sein soll?

Will mich der Tarot mit VI Entscheidung / Die Liebenden darauf hinweisen, daß ich meine Liebe in das hinterfragte Problem hineingeben soll und daß es aus dieser Liebe heraus gelöst werden kann?

Will mich der Tarot mit VI Entscheidung / Die Liebenden darauf aufmerksam machen, daß ich das hinterfragte Problem aus der Sicht der Ich-Du-Achse, also der Konfrontation, zu behandeln habe oder daß mir diese Konfrontation als Aufgabe oder Erfahrung gegeben ist?

VII Der Wagen

Der WAGEN

Schlüsselbegriffe: Koordination, Synthese, Vorwärtsbewegung, dynamische Energie

Das menschliche Leben ist eine Vorwärtsbewegung durch Raum und Zeit, die ständigen Einwirkungen von verschiedenen und oft divergierenden Kräften ausgesetzt ist. Dieser Satz definiert in etwa den Inhalt von VII Der Wagen. Die Vorwärtsbewegung wird durch das Motiv des Wagens dargestellt, während die divergierenden Kräfte durch die Zugtiere zum Ausdruck kommen, die verschieden gefärbt sind und in ihrer Zugrichtung auseinanderdriften.

Aufgabe der Zugtiere ist es, den Wagen mit der dynamischen Energie zu versehen, welche er zum Vorwärtsbewegen benötigt. Das Tarotbild zeigt, wie sie ihre Zugkraft in verschiedene Richtungen lenken. Läßt der Wagenlenker dies zu, bleibt der Wagen entweder stehen, wenn sich die divergierenden Kräfte die Waage halten – das stärkere Zugtier bestimmt die Richtung der Fahrt –, oder aber der Wagen wird auseinandergerissen, falls die Kraft der Zugtiere groß genug ist.

Gibt der Tarot dem Fragesteller VII Der Wagen, kann damit dreierlei gemeint sein:

A. Die Aufmerksamkeit des Fragenden wird auf den Umstand gerichtet, daß er sich auf einer Lebensfahrt befindet, die durch drei Markierungspunkte bestimmt ist: 1. Woher komme ich? 2. Wo befinde ich mich im Hier und Jetzt? 3. Wohin führt meine weitere Fahrt? Es geht darum, gegenwärtige Position und Ziel dieser Lebensfahrt bewußt zu bestimmen.

B. Der Fragende wird darauf aufmerksam gemacht, daß es seine Sache ist, auf seiner Lebensfahrt den Kurs bewußt zu bestimmen und die ihm zur Verfügung stehenden Kräfte entsprechend zu koordinieren und zu einer zielbewußten Synthese zu bringen.

C. Der Fragende erhält vom Tarot die Aufforderung, mutig und entschlossen auf das Problem zuzugehen, sich ein Ziel zu setzen und es zu erreichen zu versuchen.

Fragen, die nach dem Ziehen dieser Karte zu stellen sind:

Will mich der Tarot mit VII Der Wagen auffordern, in Verbindung mit dem hinterfragten Problem die gegenwärtige Position meines Lebensweges bewußt zu reflektieren und Klarheit über mein Ziel zu gewinnen?

Will mich der Tarot mit VII Der Wagen darauf aufmerksam machen, daß es meine Aufgabe ist, in bezug auf das hinterfragte Problem bewußt die verschiedenen Kräfte zu koordinieren und einer gemeinsamen Zielsetzung zu unterziehen?

Will mich der Tarot mit VII Der Wagen auffordern, mutig und entschlossen auf das hinterfragte Problem zuzugehen und es bewußt anzupacken?

VIII Gerechtigkeit

Schlüsselbegriffe:
Ausgleich, Balance, Stabilität, Statische Energie

Das klassische Motiv von Bild VIII Gerechtigkeit (bei manchen Tarotdecks, auch dem Rider-Waite, fälschlicherweise mit der Zahl XI bezeichnet) zeigt Justitia, die in ihren Händen ein Schwert und eine Waage hält. Wenn eine Waage nicht im Gleichgewicht ist, kann man sie auf zweierlei Art in die Balance bringen: Man legt entweder auf der leichteren Schale soviel dazu oder nimmt von der schwereren Schale (mit dem Schwert) soviel weg, bis die beiden Schalen im Gleichgewicht sind. Beide Wege sind möglich, aber nicht beide sind in jedem Falle richtig. Also geht es auch hier wieder um eigenverantwortliche Entscheidung.

Wenn der Tarot VIII Gerechtigkeit gibt, will er in erster Linie darauf aufmerksam machen, daß zur Lösung des hinterfragten Problems Ausgleich und Balance, im weitesten Sinne Gerechtigkeit vonnöten sind. Mit Gerechtigkeit ist im Tarot nicht unbedingt Gerechtigkeit im juristischen Sinne gemeint, obgleich diese nicht ausgeschlossen ist, sondern ein ausgewogener, balancierter Zustand, der Stabilität und damit eine gewisse Sicherheit und Verläßlichkeit zur Folge hat.

Jedes Kräftespiel im Kosmos – und damit letztlich auch im menschlichen Leben – steht unter dem Gesetz der Balance, und jede Energiebewegung dient dazu, einen balancierten Zustand aus dem Gleichgewicht zu bringen oder Gleichgewicht und damit Gerechtigkeit und Stabilität herbeizuführen. Diese Stabilität ist vergleichbar mit einem Gebäude, in dessen Baumasse ungeheure Energien wirksam sind, die jedoch durch statische Berechnungen so aufeinander abgestimmt sind, daß das Bauwerk sicher und stabil dasteht.

Fragen, die nach dem Ziehen dieser Karte zu stellen sind:

Will mich der Tarot darauf aufmerksam machen, daß Ausgewogenheit und Balance für das hinterfragte Problem von besonderer Bedeutung sind?

Will mich der Tarot mit VIII Gerechtigkeit darauf hinweisen, daß meine Bemühungen, das hinterfragte Problem zu lösen, darauf ausgerichtet sein sollten, durch Hinzuführen oder Wegnehmen von Energie Ausgewogenheit und Balance herzustellen?

Will mich der Tarot durch VIII Gerechtigkeit darauf aufmerksam machen, daß Stabilität für mein Leben (besonders im materiellen Bereich) wichtig und notwendig ist?

IX Der Eremit

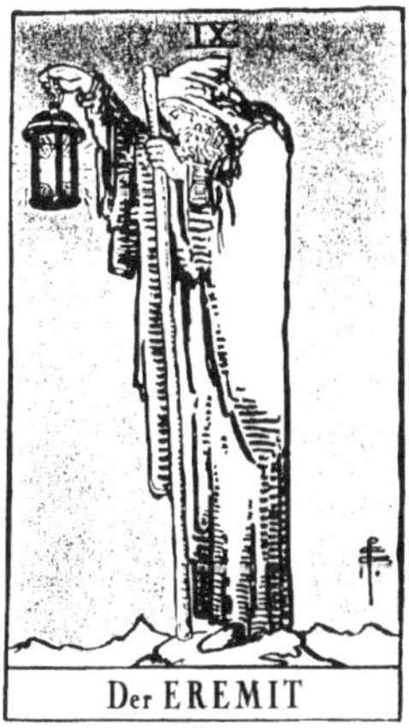

Schlüsselbegriffe:
(Rückwärtsgerichtete) Bewußtheit, Erkenntnis

Das klassische Bildmotiv des Tarot de Marseille zeigt den Eremiten nach links gewandt, die Laterne hochhaltend, auf einen Stock gestützt. Da wir im Westen von links nach rechts schreiben, hat sich für uns diese Linie logischerweise zur Zeitachse Vergangenheit–Zukunft entwickelt. Der Eremit steht also in der Gegenwart und wendet sich der Vergangenheit zu, dem, was er hinter sich gelassen und absolviert hat. Die hochgehaltene Lampe in seiner linken Hand wirft einen erweiterten Lichtkegel auf die Spuren, die der Eremit auf seinem Weg hinterlassen hat. Dieses Licht, diese Erleuchtung des zurückgelegten Weges ermöglicht dem Eremiten, seine einzelnen Lebensstationen zu sehen, miteinander zu verknüpfen und ihren Sinn zu erkennen. So erlangt der Eremit Bewußtheit über seine Vergangenheit. Die gemachten Erfahrungen dienen ihm als Stütze und Stab für seinen weiteren Lebensweg.

Der Tarot gibt IX Der Eremit, wenn er den Fragenden auffordern will, das hinterfragte Problem einmal aus seiner Entstehungsgeschichte oder aus der Vergangenheit des Fragenden heraus zu betrachten, um dann mit der gewonnenen Erkenntnis bewußt an die Lösung herangehen zu können.

Bei der Interpretation und Deutung des Inhalts von IX Der Eremit wird sehr oft der Fehler begangen, die Bedeutung aus dem Wort »Eremit« abzuleiten. In diesem

Falle werden Begriffe wie Einsamkeit, Entsagung, Isolation als Hauptinhalte formuliert. Das ist falsch, denn die Betrachtung des Bildes an und für sich zeigt etwas ganz anderes: Der Hauptakzent liegt auf Bewußtwerdung, Bewußtheit. Gewiß kann ein zeitweiliger Rückzug auf sich selbst eine Distanzierung von der Welt bedeuten und diesen Prozeß der Bewußtheit fördern, aber zwingend ist dies nicht.

A. E. Waite und die Tarotdecks, die von ihm abgeleitet sind, tragen diesem Umstand Rechnung, indem sie den Eremiten mit den Füßen auf Schnee und Eis darstellen. Man kann nicht längere Zeit auf Schnee und Eis stillstehen, ohne daß die Füße erfrieren. Also sollen der Stillstand und die Zurückgezogenheit nur begrenzte Zeit dauern. Wenn der Eremit seine Bewußtheit und Erkenntnis erlangt hat, dreht er sich um und wandert weiter der Zukunft und seinem Ziel zu.

Fragen, die nach dem Ziehen dieser Karte zu stellen sind:

Gibt mir der Tarot mit IX Der Eremit die Aufgabe, mir über meinen Weg von der Vergangenheit bis in die Gegenwart Bewußtheit zu verschaffen?

Will mich der Tarot mit IX Der Eremit darauf hinweisen, daß ich mir zuerst Klarheit und Bewußtheit über die Entstehung des Problems machen soll, bevor ich die Lösung herbeiführen kann?

Will mich der Tarot mit IX darauf aufmerksam machen, daß das hinterfragte Problem von mir verlangt, mit Bewußtheit an dieses heranzutreten und mit der daraus gewonnenen Erkenntnis die Lösung in die Hand zu nehmen?

Beachte den Unterschied zu XIX Die Sonne:

IX Der Eremit zeigt eine *rückwärts,* in die Vergangenheit gerichtete Bewußtheit. XIX Die Sonne ist eine *vorwärts*, in die Zukunft gerichtete Bewußtheit. Der Eremit hat das Leben hinter sich und den Tod (Transformation) vor sich. Das Kind auf XIX Die Sonne hat den Tod hinter sich und das Leben vor sich.

X Rad des Schicksals

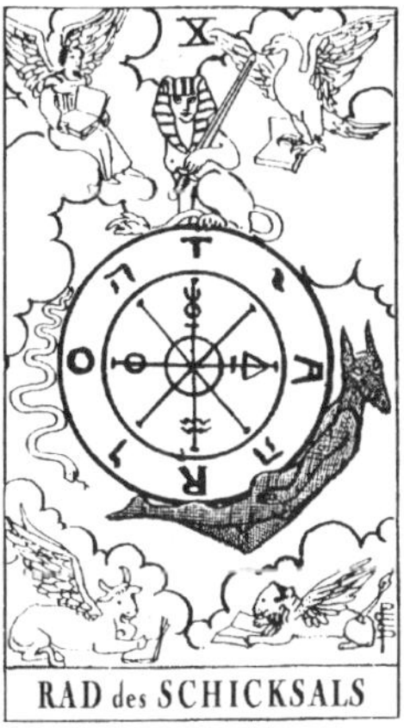

Schlüsselbegriffe:
Das Gesetz des Kosmos

Alles, was in unserem Kosmos geschieht, ist einer großen Ordnung und einem umfassenden Gesetz unterstellt. Ziel dieses großen Gesetzes ist, daß sich alles zur richtigen Zeit am richtigen Ort befindet, so daß Ausgleich, Harmonie und Balance vorhanden sind. Dieses große Gesetz betrifft hauptsächlich die drei Energiekomponenten, die im Kosmos wirksam sind:

A. Eine aufbauende, wachstumsfördernde Energie.

B. Eine abbauende, reduzierende und zerstörende Energie.

C. Eine Energie, die dafür sorgt, daß sich die beiden Energien A und B in einem Gleichgewicht befinden, damit keine der beiden imstande ist, das »Rad« in ihrem Sinne zu drehen und zu überdrehen.

Der Mensch selbst untersteht diesem Gesetz in allem, was sein Leben betrifft, und trägt als Mikrokosmos diese drei Energiekomponenten ebenfalls in sich. So verfügt er beispielsweise über aufbauende, heilende Energien, die dafür sorgen, daß im Falle einer Verletzung sich die Wunde schließt und verheilt. Die gleiche Energie im Übermaß ist aber verantwortlich für die Entstehung von zuviel Wachstum, für Wucherung und den bösartigen Tumor. In diesem Falle muß die reduzierende, zerstörerische Energie (Immunsystem) eingesetzt werden, um den Ausgleich – die Heilung – wieder herzustellen. Gut und Böse, in einem höheren esoterischen Sinne betrachtet, haben nichts mit Moral zu tun. Moral ist relativ und ständigen Wandlungen und Anpassungen unterworfen, während das Kennzeichen des großen kosmischen Gesetzes seine unveränderliche Beständigkeit und Gültigkeit ist.

Den gleichen Umstand meint Dion Fortune, wenn sie schreibt: »Böse nennen wir eine Energie, die sich am falschen Ort befindet.« Verändern wir die Position dieser Energie durch eine entsprechende ausgleichende Gegenbewegung des »Rades«, dann wandelt sich die vordem böse Energie zur guten, indem sie sich wieder am richtigen Ort befindet.

Zu beachten ist ferner, daß X Rad des Schicksals in der Reihe der Großen Arkana die erste Karte ist, die keine zur Identifikation geeignete menschliche Figur enthält.

Gibt der Tarot bei der Hinterfragung eines Problems X Rad des Schicksals, dann will er in erster Linie darauf aufmerksam machen, daß das entsprechende Problem nicht von einem nur auf die eigenen Interessen gerichteten egoistischen Standpunkt aus gelöst werden kann, sondern primär von einer höheren Ebene aus betrachtet werden soll, nämlich jener des großen kosmischen Gesetzes.

Ferner kann X Rad des Schicksals darauf hinweisen, uns des bestehenden Kräftespiels »aufbauend – niederreßend – ausgleichend« zu erinnern und es zu berücksichtigen. Das heißt, daß zur Lösung des Problems eine Situation anzustreben ist, die sich im Sinne des kosmischen Gesetzes ausgewogen und in Harmonie befindet. Entweder bedienen wir uns der aufbauenden Kräfte oder gegebenenfalls der abbauenden, niederreißenden, aber immer mit dem Ziel vor Augen, einen Zustand des Ausgleichs und der Balance herbeizuführen.

Fragen, die nach dem Ziehen dieser Karte zu stellen sind:

Will mich der Tarot mit X Rad des Schicksals auffordern, mein hinterfragtes Problem von der höheren Perspektive des großen kosmischen Gesetzes aus zu betrachten und anzugehen?

Will mich der Tarot mit X Rad des Schicksals auffordern, bei der Lösung des hinterfragten Problems mit den drei kosmischen Energiekomponenten »aufbauend – niederreißend – ausgleichend« zu arbeiten mit dem Ziel, einen Zustand der Balance und Ausgewogenheit herbeizuführen?

XI Kraft

Schlüsselbegriffe: Arbeit an sich selbst zur Selbstwerdung, aktive männliche Handlungsweise der Frau, Animus

Das Bild XI Kraft (bei manchen Tarotdecks, auch dem Rider-Waite, fälschlicherweise mit der Zahl VIII bezeichnet) zeigt eine Frau, die sich in einer liebevollen Auseinandersetzung mit einem Löwen befindet. Der Löwe ist symbolisch eng mit der Sonne, dem Symbol des Lebens und des kraftvoll Lebenspendenden verbunden. Gleichzeitig ist der Löwe auch ein Raubtier und damit ein Sinnbild des sich selbst ins Zentrum stellenden, rücksichtslosen, wilden Überlebens- und Lebenstriebes. Die fast spielerisch anmutende Zuwendung zum Löwen soll zeigen, daß es darum geht, diese natürliche animalische Wildheit nicht zu eliminieren oder zu unterdrücken, sondern sie in Bahnen zu lenken, innerhalb welcher sie sich – dem Menschen und dem Menschlichen dienend – kreativ entfalten kann.

Die Hände am Maul des Löwen geben dem im Bild X Das Rad des Schicksals dargestellten Kosmischen Gesetz Ausdruck. Brüllt der Löwe zu laut, soll ihm das Maul etwas geschlossen werden, ist aber seine Stimme zu leise, ermöglichen ihm die gleichen Hände, den Rachen aufzureißen, um lauter zu werden und sich so in den natürlichen Fluß des Lebens zu integrieren. Ausgleich und Harmonie sind auch hier die angestrebten Ziele.

Bild XI Kraft ist die höhere Oktave, der höhere Sinn von Bild I Der Magier. Die Aktivität des Magiers von Bild I gilt vor allem der Ebene der Materie, der Umwelt. Gegenstand der magischen Arbeit von Bild XI Kraft ist vor allem die *eigene Persönlichkeit* und deren Entwicklung im Sinne des Kosmischen Gesetzes von Bild X.

Zur Persönlichkeitsarbeit eines jeden Menschen gehört auch die Entwicklung von Fähigkeiten und Anlagen, die in ihm vorhanden sind, aber durch gesellschaftliche oder persönliche Lebensumstände nicht automatisch entwickelt werden. Darum ist es nicht von ungefähr, daß die Gestalt einer Frau die höhere Oktave des Magiers zum Ausdruck bringt. Im Tarot wird die Frau mit Bild II Die Hohepriesterin eingeführt und sitzend dargestellt, um so Passivität im Sinne von Empfangen und Aufnahmebereitschaft auszudrücken. In Bild XI Kraft erscheint die Frau stehend in der Pose des männlichen Magiers, um so zu zeigen, daß es Aufgabe der Frau ist, die auch in ihr angelegten männlichen aktiven Kräfte zu entwickeln und zu leben.

Bei manchen vom Crowley-Tarotdeck beeinflußten Darstellungen wird die Frau auf dem Löwen reitend abgebildet. Das ist im Prinzip die gleiche Aussage, doch darf dabei nicht außer acht gelassen werden, daß Crowley, der noch ganz von den Vorstellungen des Viktorianischen Zeitalters geprägt war, damit etwas allzu eng die sexuelle Aktivität und Befreiung der Frau im Auge hatte.

Wenn der Tarot bei der Hinterfragung eines Problems oder einer Lebenssituation XI Kraft gibt, legt er damit die Betonung auf die Notwendigkeit, ein vorherrschendes, aber wenig entwickeltes Potential an Aktivität und Handlungsfähigkeit zu fördern und in einer ausgewogenen und harmonischen Weise zu leben.

Fragen, die nach dem Ziehen dieser Karte zu stellen sind:

Will mich der Tarot mit XI Kraft auffordern, mich der in mir vorhandenen elementaren Lebenskräfte bewußt zu werden und sie in einer ausgeglichenen und integrierten Weise zu leben und nach außen auszudrücken?

Vor allem bei Frauen: Will mich der Tarot auffordern, die aktiven männlichen Energien meiner Persönlichkeit zu entwickeln und sie für die Lösung des hinterfragten Problems magisch-verändernd einzusetzen?

XII Der Gehängte (Der hängende Mann)

Schlüsselbegriffe: Offenheit und Bereitschaft für etwas, das von außen kommt; die Dinge aus einer anderen Perspektive betrachten; passive, empfangende Bereitschaft des Mannes, Anima, Erleuchtung

Diese Karte gehört zu den komplexesten und daher auch schwierigsten aus der Reihe der großen Arkana. Sie enthält mehrere Deutungsmöglichkeiten, und der Fragende muß sich sorgfältig darüber klarzuwerden versuchen, welche dieser verschiedenen Möglichkeiten auf sein spezielles Problem anwendbar sind.

Bild XII Der Gehängte – eigentlich mehr der »hängende Mann«, da er sich selbst in diese Lage gebracht hat – zeigt einen Mann, der mit dem Kopf nach unten an einem Gerüst aufgehängt ist. Wer umgekehrt mit dem Kopf nach unten hängt, erhält dadurch die Möglichkeit, die Welt aus einer ungewohnten und neuen Perspektive zu betrachten. Wenn der Tarot zu einem hinterfragten Problem XII Der Gehängte gibt, kann also damit die Aufforderung verbunden sein, für einmal den vertrauten Weg der Gewohnheiten zu verlassen und das Wagnis einzugehen, sich neuen Perspektiven und Wegen zu öffnen. Vielleicht finden wir gerade dadurch die Lösung des hinterfragten Problems.

Analog zu Bild XI Kraft geht es bei XII Der Gehängte um die Förderung der passiven, empfangenden weiblichen Energie, die zwar angelegt und vorhanden, aber zu wenig entwickelt ist und nicht in harmonischem Ausgleich gelebt wird. Dies gilt gleicherweise für Mann und Frau, obwohl der Mann aufgrund der herrschenden gesellschaftlichen Situation viel eher mit dieser Problematik konfrontiert ist als die Frau. Besonders für den Mann ist mit der Förderung seiner weiblichen Energie eine Bewußtseinserweiterung verbunden, die für die Ausgewogenheit seiner Persönlichkeit unbedingt notwendig ist. Hier nimmt der Tarot voraus, was C.G. Jung später mit der Anima und deren Integration gemeint hat. So steht auch in dieser Karte die Erreichung von Ganzheit als Voraussetzung für jede weitere Entwicklung im Vordergrund.

Eine weitere Bedeutung dieses Bildes kommt dadurch zum Ausdruck, daß der hängende Mann seine Hände hinter den Rücken hält. Er verzichtet dadurch im wahrsten Sinn des Wortes auf äußeres Handeln (im Gegensatz zu der Frau auf dem Bild XI Kraft, die den Löwen »behandelt«). Verzicht auf eigenes Handeln bedeutet *Öffnung* und Aufmerksamkeit dafür, was von außen kommt.

Offenheit und die Bereitschaft für das Neue und das Unbekannte schaffen die Voraussetzung für einen bestimmten Grad der Bewußtseinserweiterung, der mit *Erleuchtung* bezeichnet wird. Man darf aber, besonders wichtig für die Tarot-Praxis, nicht dem im Westen besonders verbreiteten Irrtum verfallen, nur einen großen, überwältigenden Bewußtseinszustand mit Erleuchtung zu bezeichnen. Jede Erkenntnis, die weiterführt, und jedes sogenannte Aha-Erlebnis stellen auf ihre spezielle Art Erleuchtung dar. Und gerade diese kleinen Erleuchtungen des täglichen Lebens werden in der Tarot-Praxis durch das Bild XII Der Gehängte zum Ausdruck gebracht.

Wenn uns der Tarot also XII Der Gehängte gibt, will er uns auffordern, die eigene Aktivität entweder grundsätzlich oder in bezug auf das hinterfragte Problem zurückzuhalten, damit sowohl Raum für Offenheit entsteht als auch die Möglichkeit, äußeren Einflüssen und Einwirkungen zugänglich zu werden.

Gerade für den Mann ist es wichtig, seine Aufmerksamkeit auf einige weitere, ebenfalls in diesem Bild enthaltene Bedeutungen zu lenken. Der Mann auf dem Bild hängt an einem galgenartigen Gerüst, welches dem hebräischen Buchstaben Tau (ת) nachempfunden ist, der in der kabbalistischen Tradition einem Phallus-Symbol entspricht. A.E. Waite und die von ihm beeinflußten Tarotdecks zeigen dies noch direkter, indem der Mann an einem sogenannten T-Kreuz aufgehängt ist, das in der magischen Praxis ebenfalls ein Phallus-Symbol darstellt.

Hier wird der Akzent auf die zwei Erscheinungsformen des männlichen Phallus gelegt, der entweder aufgerichtet (⊥) oder erschlafft (T) ist. Im Phasenwechsel zwischen Aufrichtung und Erschlaffung, Spannung und Entspannung, Aktivität und Passivität zeigt sich für den Mann sein Eingebettetsein in den kosmischen Rhythmus und Zyklus, so wie dies für die Frau durch den Zyklus der Menstruation gegeben ist. Der Mann muß lernen, beide Phasen in seine männliche Existenz zu integrieren. Die Knospen am Hängegerüst zeigen an, daß dieses Holz lebendig ist, daß also der Zustand der Erschlaffung nicht Tod bedeutet, sondern eine andere Form von Lebendigkeit zum Ausdruck bringt, die genauso akzeptiert und gelebt werden soll.

Fragen, die nach dem Ziehen dieser Karte zu stellen sind:

Will mich der Tarot XII Der Gehängte auffordern, die Dinge einmal aus einer anderen, möglicherweise umgekehrten Position zu betrachten?

Will mich der Tarot mit XII Der Gehängte auffordern, bei der Lösung des hinterfragten Problems auf äußeres Handeln zu verzichten mit dem Ziel, mich offen zu halten für etwas, das von außen kommt, mich »erleuchtet« und so zur Lösung des Problems beiträgt oder beitragen wird?

Vor allem für Männer: Will mich der Tarot mit XII Der Gehängte darauf aufmerksam machen, daß der Kosmos dem Gesetz von Rhythmus und Zyklus, Spannung und Entspannung unterstellt ist und ich mein Leben diesem Gesetz entsprechend leben soll?

XIII Tod

TOD

Schlüsselbegriff:
Transformation

Als erstes ist darauf hinzuweisen, daß diese Karte nicht einfach mit dem physischen Tod in Verbindung zu bringen ist, auch wenn das Bildmotiv diese Assoziation nahezulegen scheint. Auf der klassischen Darstellung des Tarot de Marseille sieht man den Tod als Skelett mit einer Sense über ein Feld schreitend, auf welchem Köpfe, Füße, Hände und Knochen herumliegen. Im Tarotdeck von A. E. Waite und einigen von ihm abgeleiteten Decks erinnert das Motiv an die Darstellung von mittelalterlichen Totentänzen.

Das Wort »Transformation« kommt vom lateinischen *transformare*, das »in eine andere Form bringen« bedeutet. Wenn etwas in eine andere Form gebracht werden soll, bedeutet dies stets, daß die vorher gültige Form aufgelöst und in ihre Bestandteile zerlegt werden muß. Diese Bestandteile bilden den Rohstoff und die Ausgangslage zur Schaffung der neuen Form.

Bevor aber die neue Form entstehen kann, muß immer ein Zustand ertragen und in Kauf genommen werden, in dem die alte Form auseinandergenommen und nicht mehr gültig ist, während gleichzeitig die neue Form noch nicht errichtet ist.

Genau die Erfahrung dieses Zwischenzustandes ist Inhalt von Bild XIII Tod. Dabei kann es sich um das Auflösen eines alten, bestehenden Arbeitsverhältnisses handeln, um einen Wohnungswechsel oder ähnliches, also um ganz banale Dinge, die wir von selbst wohl kaum mit »Tod« in Verbindung bringen würden.

So gesehen ist Tod ein alltäglicher Bestandteil unseres Lebens, welchen wir nur deshalb nicht mit Tod in Verbindung bringen, weil die neue Form in der Zukunft bereits ersichtlich ist oder logischerweise erwartet werden darf. Mit dem Wort »Tod« bezeichnen wir nur solche Entwicklungen, während der wir einzig den Auflösungsprozeß erfahren und noch nicht um das Neue wissen, das sich aus dieser Auflösung heraus ergeben wird.

Gibt der Tarot bei der Hinterfragung eines Problems die Karte XIII Tod, will er darauf hinweisen, daß das hinterfragte Problem mit einer Transformation im beschriebenen Sinne zu tun hat und aus dieser Perspektive heraus zu betrachten ist. Entweder befindet sich der Fragende mit seinem Problem in einer Auflösungssituation, aus der etwas Neues und Weiterführendes entstehen soll, oder der Tarot zeigt an, daß als Aufgabe und Bedingung für Neues etwas Altes aufgelöst und desintegriert werden muß. Der Fragende muß sich entweder dabei einem Prozeß stellen, der vielleicht schon begonnen hat, oder er soll selber eine nötige Wandlung einleiten.

Fragen, die nach dem Ziehen dieser Karte zu stellen sind:

Will mich der Tarot mit XIII Tod darauf hinweisen, daß das hinterfragte Problem als Transformation, als Wandlungsprozeß zu verstehen ist, dem ich mich vertrauensvoll unterziehen soll, damit Neues daraus entstehen kann oder Platz für etwas Neues geschaffen wird?

Will mich der Tarot mit XIII Tod darauf aufmerksam machen, daß das hinterfragte Problem nur gelöst werden kann, wenn ich aktiv diesen Wandlungsprozeß einleite und Altes mutig auflöse, um damit die Voraussetzungen für das Entstehen von Neuem zu schaffen?

XIV Mischung (Mäßigkeit)

Schlüsselbegriffe:
Erweiterung, neue Zusammenfügung, Transmutation

Wenn wir davon ausgehen, daß die Karten der Großen Arkana bildhaft die aufeinanderfolgenden Stationen eines Einweihungs-Weges darstellen, dann muß logischerweise Bild XIV Mischung (Mäßigkeit) etwas über den nachtodlichen Zustand aussagen. (Es ist von Vorteil, zur Interpretation dieser Karte zusätzlich den Text zu Karte XIII Tod zu lesen oder sich in Erinnerung zu rufen.)

Das Bildmotiv zeigt einen Engel, der Wasser aus einem Kelch in einen anderen umgießt. Im Tarot de Marseille ist der Engel in ein zweifarbiges Gewand gekleidet, und beim Tarot von A. E. Waite steht er mit einem Fuß im Wasser, mit dem anderen auf der Erde. Beide Motive bringen zum Ausdruck, daß man sich bei diesem Tarotbild in einem Zwischenzustand befindet, in dem das Alte aufgelöst und nur noch in einzelnen Bestandteilen vorhanden ist und das Neue noch nicht geworden ist. Es entspricht etwa der Situation bei einem Wohnungswechsel, wenn die alte Wohnung aufgelöst ist und alle Möbel und Gegenstände in Kisten verpackt darauf warten, in der neuen Wohnung wieder ihren Platz zu erhalten. Bild XIV Mischung stellt uns also vor die Aufgabe, aus den Bestandteilen des Alten das Neue zu gestalten und notfalls diese Bestandteile zu ergänzen oder zu erweitern.

Erweiterung ist denn auch ein wichtiger Schlüsselbegriff dieser Karte. Der Einweihungsweg enthält auch den Gedanken der Reinkarnation, der Wiederverkörperung, der sagt, daß unser Sein überdauernd ist und sich in verschiedenen Persönlichkeiten immer wieder neu zum Ausdruck bringt. Im Zwischenzustand zwischen auflösendem Tod und der Neuordnung der nächsten Persönlichkeit ist dieses überdauernde Sein einer Summe von losen Bausteinen vergleichbar. Jeder Baustein ist eine Erfahrung, die in einem früheren Leben gemacht und integriert wurde. Je mehr Erfahrungen, um so mehr Bausteine, und das bedeutet, es können aus diesen Bausteinen immer reichere und differenziertere Bauwerke gestaltet werden. Somit ist es Aufgabe jeder Inkarnation, daß sich der betreffende Mensch in seiner jetzigen Inkarnation all den Erfahrungen und Aufgaben stellt, mit denen er konfrontiert ist. Jede integrierte, in das Leben umgesetzte Erfahrung und jede bewältigte Aufgabe bilden einen neuen Baustein für zukünftige Inkarnationen, die somit die Entwicklung der betreffenden Individualität mehr und mehr erweitern und voranführen.

Wenn der Tarot XIV Mischung gibt, dann will er damit zum Ausdruck bringen, daß die hinterfragte Situation oder Problematik als ein Zwischenzustand zu betrachten ist, der als Ausgangspunkt für Erweiterung und damit verbunden für weiter- und vorwärtsführende Entwicklung sein soll. Der Kelch, aus dem das Wasser ausgegossen wird, entspricht der vergangenen, jetzt durch den Tod aufgelösten Inkarnation; und der Kelch, in den das Wasser hineingegossen wird, repräsentiert die kommende Inkarnation. Das Wasser selbst ist das jeden Tod überdauernde Sein. Bei manchen Tarotdecks ist der Kelch, aus dem das Wasser herausfließt, aus Silber und der das Wasser aufnehmende Kelch aus Gold. Damit wird darauf hingewiesen, daß unser Weg von Inkarnation zu Inkarnation einer alchemistischen Transmutation vergleichbar ist, in der aus der unedlen Prima Materia, dem Ausgangsstoff unseres Seins, schließlich das edle Gold werden soll.

Der Titel »Mäßigkeit«, welcher der Karte gegeben wurde, ist die Übersetzung des englischen *temperance* oder französischen *tempérance*. Dabei ist aber zu beachten, daß diese Worte eine gemeinsame Herkunft aus dem lateinischen *temperare* haben, das »mischen« bedeutet, und zwar mit dem speziellen Sinn, Wasser und Wein miteinander im richtigen Verhältnis zu mischen. So besteht vom Namen der Karte her gesehen die Aufgabe, den Anteil des Weines immer zu vermehren, bis aus dem Wasser ganz Wein geworden ist.

Fragen, die nach dem Ziehen dieser Karte zu stellen sind:

Will mich der Tarot mit XIV Mischung darauf aufmerksam machen, daß meine hinterfragte Situation oder Problematik einem nachtodlichen Zustand gleicht, der die Möglichkeit bietet, den von früher her übriggebliebenen Rohstoff neu zusammenzufügen und zu verbessern?

Will mich der Tarot mit XIV Mischung darauf hinweisen, daß es Zeit ist, mich neuen Erfahrungen zu stellen und damit verbunden neue Aufgaben zu bewältigen, die mein Leben erweitern und voranführen?

XV Der Teufel

Schlüsselbegriffe:
Urkraft, Abspaltung, Blockade

Bild XV Der Teufel gehört (zusammen mit XIII Tod und XVI Der Turm) zu den Karten aus der Reihe der Großen Arkana, die, wenn sie bei der Tarot-Praxis auftreten, beim noch nicht tiefer mit den Energien des Tarot vertrauten Fragenden Angst und negative Gefühle hervorrufen können. Grundsätzlich gibt es keine negativen oder schlechten Tarotkarten; das gilt auch für den Teufel. Gerade bei dieser Karte ist zu beachten, daß man sich nicht vom Namen dazu verleiten läßt, ihr eine Bedeutung zuzuschreiben, die sie nicht hat. Der Teufel ist eine Kreation der christlichen Kirche, also weit jüngeren Datums als der Tarot – und schon deshalb ist diese Bezeichnung irreführend und falsch.

Was in Bild XV Der Teufel zum Ausdruck kommt, ist die *Urkraft* des Lebens, die aus unserer Sicht gesehen als primitive, also ursprüngliche Kraft den ganzen Kosmos durchdringt. Diese Urkraft zeigt sich beispielsweise im Frühling, wenn die Natur mit alles überwindender Kraft von neuem sprießt und lebt. Sie zeigt sich in der Kraft der Pflanze, die durch ihr Wachstum imstande ist, die harte Asphaltdecke zu durchbrechen, und nicht zuletzt im auferstandenen Christus, der mit dieser Urkraft den Stein vom geschlossenen Grab wegsprengt.

Die christliche Figur des Teufels ist seiner Erscheinung nach abgeleitet vom griechischen Gott Pan, der genau diese Urkraft im erwähnten Sinne repräsentiert, wenn auch in einer primitiven, rohen, gewalttätigen Form. Diese Urlebenskraft kann weder mit den Worten böse noch gut benannt werden, sie *ist* einfach. Diese sich jeder moralischen oder ethischen Wertung entziehende Urkraft kann allerdings leicht als »böse« erscheinen, wenn sie isoliert in Erscheinung tritt, ohne daß die größeren Zusammenhänge erkannt und verstanden werden. »Das Böse« zeigt sich uns in der Erscheinung natürlicher Prozesse, die wir nicht verstehen. Es ist »der Schleier des Schreckens, der uns das schöne Gesicht der Wahrheit verbirgt« (Paul F. Case). »Böse nennen wir eine Energie, die sich am falschen Ort befindet« (Dion Fortune).

Der Mensch muß lernen, mit dieser Urkraft in einer den kosmischen Gesetzen gemäßen Weise umzugehen und sie in die richtigen Bahnen, zu den richtigen Verwendungszwecken zu leiten. Das fällt erfahrungsgemäß recht schwer, so daß jeder Mensch dazu neigt, Kräfte, die ihn ängstigen oder die er ablehnt, zu verdrängen. Die verdrängten Kräfte fristen dann im Schattenbereich ihr Dasein; und erst dadurch, daß sie vom großen Ganzen abgespalten sind, führen sie eine Eigendynamik, die dann sehr wohl zu unliebsamen und nachteiligen Resultaten führen kann. Wenn das fein aufeinandergestimmte und ausbalancierte Kräftespiel des Kosmos, sowohl des Universums (Makrokosmos) wie des Menschen (Mikrokosmos), durch abgespaltene Energien, die sich selbständig machen, gestört wird, dann kommt Sand in das kosmische Getriebe, und es können *Blockaden* auftreten. Die Blockade als Bedeutungsinhalt von Bild XV Der Teufel ist in den beiden Gestalten zu erkennen, die mit einer Kette um den Hals an den Block gefesselt sind, auf welchem sich der Teufel befindet, die also im buchstäblichen Sinne »blockiert« sind.

Wenn der Tarot Bild XV Der Teufel gibt, dann kann er darauf aufmerksam machen, daß in bezug auf das hinterfragte Problem die *wertfreien kosmischen Energien* eine Rolle spielen und der Fragesteller in irgendeiner Weise mit ihnen konfrontiert ist. Ferner kann der Tarot mit Bild XV Der Teufel zum Ausdruck bringen, daß sich eine bestimmte Energie oder Energien aus dem großen Ganzen abgespalten haben oder vom Fragesteller abgespalten wurden und nun, aus dem Schattenbereich heraus, einen unliebsamen Einfluß ausüben. Mit Bild XV kann der Tarot auch darauf hinweisen, daß das hinterfragte Problem sich als Blockade zeigt, die nach Möglichkeit aufzulösen ist.

Fragen, die nach dem Ziehen dieser Karte zu stellen sind:
Will mich der Tarot mit XV Der Teufel mit der Urkraft des Kosmos konfrontieren, entweder der Urkraft in mir selbst oder der Urkraft, die von außen her auf mich einwirkt?

Will mich der Tarot mit XV Der Teufel darauf aufmerksam machen, daß in meinem Leben Abspaltung oder Verdrängung vorhanden ist, entweder als Teil meiner Persönlichkeit oder als Teil meiner Lebensumstände, und daß es meine Aufgabe ist, die abgespalteten Teile wieder in die Ganzheit zurückzuführen?

Will mich der Tarot mit XV Der Teufel auf eine Blockade hinweisen, die in mir selbst oder in meinen Lebensumständen besteht, und daß es meine Aufgabe ist, diese Blockade aufzulösen?

XVI Der Turm

Schlüsselbegriffe: Aktiver Ausgleich, Korrektur der Unausgewogenheit

Bild XVI Der Turm gehört (mit XIII Tod und XV Der Teufel) zu den Karten aus der Reihe der Großen Arkana, die, wenn sie bei der Tarot-Praxis auftreten, beim noch nicht tiefer mit den Energien des Tarot vertrauten Fragenden Angst und negative Gefühle hervorrufen können. Es gibt im Tarot keine an sich positiven oder negativen Karten, das gilt auch für XVI Der Turm.

Das höchste im Kosmos herrschende Prinzip ist das Gesetz des Ausgleichs und der Balance, das keine Unausgewogenheit duldet. Dieses Gesetz finden wir auch in der wissenschaftlichen Physik, die besagt, daß die Natur kein Vakuum duldet. Ist ein solcher Leerraum vorhanden, wird er früher oder später ausgefüllt. Der Turm als Bauwerk ist eine Erhöhung, die über den natürlichen Grund der Erde hinausragt. Er wird dadurch vom Tarot als Symbol des Nicht-Natürlichen, also der Unausgewogenheit verwendet. Wer auf der Zinne eines Turmes steht, ist symbolisch gesehen überhöht, nicht an dem ihm gemäßen Platz und daher nicht in der Balance. Was sich im Zustand der überhöhten Unausgewogenheit befindet, wird gemäß dem kosmischen Gesetz früher oder später in die Balance zurückgestürzt. Diesen Moment zeigt das Tarotbild des Turmes: Ein Blitz als Symbol der kosmischen Urkraft schlägt in die Zinne des Turmes, und gleichzeitig stürzen zwei Menschen in die Tiefe, zurück zu ihrem natürlichen Urgrund, den sie verlassen hatten und sich dadurch in den Zustand der Unausgewogenheit begaben.

Wenn der Tarot Bild XVI Der Turm gibt, dann ist damit nicht a priori eine Zerstörung oder ein Schicksalsschlag gemeint. Der Tarot will darauf aufmerksam machen, daß der Fragende selbst oder etwas in seinen Lebensumständen sich in der Unausgewogenheit befindet. Die Karte ist in diesem Sinne nicht als Vorhersage zu verstehen, sondern als Warnung, verbunden mit der Aufforderung, diesen Zustand zu berichtigen und auszugleichen, bevor das kosmische Gesetz von außen her diesen Ausgleich herstellt – was unter Umständen sehr unangenehm sein kann. In den Zustand der Unausgewogenheit kommt man nicht immer durch Überheblichkeit oder eigene Initiative. Es kann sehr wohl auch geschehen, wenn wir auf magisch-veränderndes Handeln verzichten und uns einfach treiben lassen. In diesem Falle erlangen – ebenfalls nach dem Gesetz des Vakuums – äußere Kräfte über uns Einfluß, und wir geraten dann leicht in eine Lage, die durch und durch unausgewogen ist. »Wer nicht lebt, wird gelebt« heißt es dann.

Die Frage, die nach dem Ziehen dieser Karte zu stellen ist:

Was ist in mir oder in meinem Leben in (überhöhter oder einseitiger) Unausgewogenheit, und wie kann ich handeln, um diese Unausgewogenheit in die Balance zu bringen, bevor ich nach der kosmischen Gesetzmäßigkeit in die Balance zurückgestürzt werde?

XVII Der Stern

Schlüsselbegriffe: Neuanfang, Zeugung (Sexualität), Meditation

In der Reihe der Großen Arkana des Tarot bilden die Karten XVII Der Stern, XVIII Der Mond und XIX Die Sonne eine Zusammengehörigkeit. Sie zeigen die drei Stadien, durch die eine menschliche Individualität ins Leben tritt: Zeugung, Schwangerschaft, Geburt.

Bild XVII Der Stern symbolisiert die Zeugung. Zeugung ist Anfang und – auf das Funkeln eines Sterns anspielend – durchaus einem Zündfunken vergleichbar, der einen Prozeß, eine Entwicklung in Gang setzt.

So kann der Tarot, wenn er Karte XVII Der Stern gibt, damit eine Aufforderung meinen, etwas in Gang zu setzen, zu beginnen. Da der Tarot die Wiederverkörperung vertritt, ist hier stets ein *Neuanfang* gemeint, nachdem etwas Altes seine Gültigkeit verloren hat. Der Neuanfang eines menschlichen Lebens entsteht durch die Zeugung, die mit *Sexualität* verbunden ist.

Im Tarot werden wir mit der Sexualität als der Urenergie, die alles im Kosmos belebt und vorantreibt, konfrontiert. Diese Urenergie ist im Tarotbild XVII Der Stern durch den Teich dargestellt, aus dem die Frau ihre zwei Krüge füllt. Den einen gießt sie auf die Erde, aus dem andern strömt das Wasser zurück in den Teich. Die beiden Krüge symbolisieren die zwei Möglichkeiten der menschlichen Sexualität. Mit Sexualität kann im Zeugungsakt neues Leben geschaffen werden, das ist der Krug, der Wasser auf die Erde gießt. Andererseits vermag Sexualität das für die menschliche Psyche so wichtige Lustempfinden und emotionale Erfüllung zu geben, was im Krug, aus dem das Wasser zurückfließt in den Teich, zum Ausdruck kommt. In diesem Falle nimmt der Mensch die ihm vom Kosmos zuströmende Energie auf und läßt sie im sexuellen Orgasmus als dem mikrokosmischen Urknall zurückströmen in das große Ganze.

Wenn wir daran denken, daß der Tarot die Reinkarnation vertritt und Bild XVII Der Stern die Zeugung als erste Phase des Wiederzurückgleitens des Menschen in die materielle Existenz darstellt, dann dürfen wir erwarten, daß Bild XVII Der Stern auch dazu einiges zu sagen hat. Der nachtodliche Zustand ist einer tiefen Meditation vergleichbar, die dazu dienen soll, Klarheit zu gewinnen über das vergangene Leben, Klarheit über das, was gut war, Klarheit über das, was in einer kommenden Inkarnation verbessert oder anders gestaltet werden sollte. So beinhaltet Bild XVII Der Stern auch das, was wir im weitesten Sinne mit Meditation zur Erlangung von Klarheit und Einsicht bezeichnen.

Die Schwierigkeit dieser Karte besteht darin, daß sie drei Bedeutungsebenen umfaßt, die auf den ersten Blick wenig miteinander zu tun zu haben scheinen. Welche davon zutrifft, hängt vom Gegenstand und der Thematik des hinterfragten Problems ab, die sorgfältig untersucht werden müssen.

Wenn der Tarot XVII Der Stern gibt, dann kann er zunächst darauf hinweisen, daß das hinterfragte Problem in irgendeiner Weise einen Neuanfang erfordert, bei dem alte Erfahrungen zu verwerten sind. Bei entsprechender Situation kann der Tarot darauf hinweisen, daß das hinterfragte Problem mit einer sexuellen Problematik (Wasser zur Erde oder Wasser zu Wasser) verbunden ist und entsprechend betrachtet werden sollte. Schließlich kann der Tarot mit XVII Der Stern auch dazu auffordern, sich meditativ mit der betreffenden Problematik von allen Gesichtspunkten her auseinanderzusetzen und dann erst, aus den gewonnenen Einsichten heraus, die materielle Lösung an die Hand zu nehmen.

Fragen, die nach dem Ziehen dieser Karte zu stellen sind:

Will mich der Tarot mit XVII Der Stern darauf hinweisen, daß die Lösung des Problems einen völligen Neuanfang benötigt, der mit dem entsprechenden Impuls einzuleiten ist?

Will mich der Tarot mit Bild XVII Der Stern darauf aufmerksam machen, meine Sexualität näher zu betrachten oder zu hinterfragen, oder könnte es sein, daß Sexualität im hinterfragten Problem eine wichtige Rolle spielt?

Will mich der Tarot mit Bild XVII Der Stern darauf hinweisen, daß ich erst an die Lösung des Problems herantreten sollte, wenn ich zuvor eingehend darüber meditiert habe und die gewonnene Einsicht einbringen kann?

XVIII Der Mond

Schlüsselbegriffe: Schwangerschaft, Astralebene und Unbewußtes, weibliche Reflexion

In der Reihe der Großen Arkana des Tarot bilden die Karten XVII Der Stern, XVIII Der Mond und XIX Die Sonne eine Zusammengehörigkeit. Sie zeigen die drei Stadien Zeugung – Schwangerschaft – Geburt, durch die eine menschliche Individualität ins Leben tritt. Bild XVIII Der Mond symbolisiert die *Schwangerschaft.*

Schwangerschaft ist ein Zustand zwischen Zeugung und Geburt. Das Kind, das neue Lebewesen, ist zwar da, aber irgendwie auch noch nicht da. Der Bewußtseinszustand, in dem sich das Kind während der Schwangerschaft befindet, kann wahrscheinlich ziemlich genau als *Traumzustand* bezeichnet werden. Traum ist eine andere Realität, in der wir uns während des Schlafens befinden. Solange wir schlafen, ist der Traumzustand und alles, was in diesem Zustand geschieht, real nicht weniger als das, was uns im Wachzustand begegnet. Erst wenn wir wieder im Tagesbewußtsein und wach sind, vermögen wir das Geträumte als eine *andere* Realität zu erkennen, die mit unserer materiellen Realität wenig zu tun hat. Diese andere, nicht-materielle Realität wird als *Astralebene* bezeichnet. Alles, was mit Imagination, mit bildhafter Vorstellung im weitesten Sinne zu tun hat, steht in Verbindung mit der Astralebene. Solange wir die Grenze zwischen den beiden Bewußtseinsebenen klar erkennen, kann die Astralebene eine Quelle der Kreativität sein. Was materielle Gestalt annehmen soll, wird zuerst auf der

Astralebene geschaut und dann materialisiert. Schwierigkeiten entstehen dann, wenn sich Astralebene und materielle Realität in einer unkontrollierten Weise miteinander vermischen, wenn nicht mehr klar unterschieden werden kann, was der einen Realität angehört und was der anderen.

Der Traum während des Schlafens vermittelt seine Botschaften und Informationen in Form von Bildern, die aus den tiefsten Schichten des Unbewußten emporsteigen. Deshalb umfaßt die Karte XVIII Der Mond auch den Bereich der menschlichen Persönlichkeit, den wir als das Unbewußte zu bezeichnen pflegen. Unsere Imagination, unsere Phantasie sind Reflexionen dessen, was uns fehlt, was wir brauchen, und können deshalb bei genauer Betrachtung und Analyse sehr viel aussagen über die eher verborgenen oder verdrängten Seiten unserer Persönlichkeit.

Wenn der Tarot XVIII Der Mond gibt, kann dies bedeuten, daß er uns vor Tagträumen ohne materiellen Realitätssinn als Flucht aus der Tagesrealität warnen will. Sind wir aber sicher, daß keine Flucht von der Ebene der materiellen Realität in eine Traumwelt vorliegt, dann kann XVIII Der Mond eine Aufforderung bedeuten, zur Lösung des hinterfragten Problems auf das zu hören, was unser Unbewußtes dazu zu sagen hat, oder die Lösung zuerst als aktive Visualisation vorauszunehmen, bevor sie in die materielle Realität umgesetzt wird.

In der Bildsprache der Esoterik ist der Mond ein Himmelskörper, der sein Licht von der Sonne empfängt und in einer transformierten Weise wieder abgibt, *das* Symbol für das weibliche Prinzip. Während das weibliche Prinzip als kosmische Energie im Bild II Die Hohepriesterin zum Ausdruck kommt, ist im vorliegenden Falle, bei XVIII Der Mond, wohl eher die Frau im Zentrum. (Das Weibliche ist eine kosmische Energie, die Frau ist die menschliche Erscheinungsform, in welcher das Weibliche zum Ausdruck kommt.) Wenn das hinterfragte Problem entsprechend ist, kann der Tarot mit XVIII Der Mond dazu auffordern, sich mit der Frau, dem Fraulichen auseinanderzusetzen, sei es mit dem eigenen Frausein oder, vom Mann aus gesehen, die Konfrontation mit der Frau.

Fragen, die nach dem Ziehen dieser Karte zu stellen sind:

Will mich der Tarot mit XVIII Der Mond darauf hinweisen, daß die hinterfragte Problematik einer Schwangerschaft vergleichbar ist, die ausgetragen werden muß, bevor die Geburt erfolgen kann?

Will mich der Tarot mit XVIII Der Mond davor warnen, mich nutzlosen Tagträumereien hinzugeben oder, wenn ich meines Realitätssinnes sicher bin, darauf hinweisen, die kreativen Energien der Astralebene und des Unbewußten für die Lösung des hinterfragten Problems herbeizuziehen?

Will mich der Tarot mit XVIII Der Mond dazu auffordern, mich mit dem Thema Frau auseinanderzusetzen, entweder mit meinem eigenen Frausein oder mit der Frau, mit welcher ich konfrontiert bin?

XIX Die Sonne

Schlüsselbegriffe: Geburt, Bewußtheit, Kommunikation

In der Reihe der Großen Arkana des Tarot bilden die Karten XVII Der Stern, XVIII Der Mond und XIX Die Sonne eine Zusammengehörigkeit. Sie zeigen die drei Stadien Zeugung, Schwangerschaft und Geburt, durch die eine menschliche Individualität wieder ins Leben tritt. Bild XIX Die Sonne symbolisiert die *Geburt.*

Beim Akt der Geburt gelangt das Kind in einen neuen Bewußtseinszustand. Die mondhafte Phase des Schlafens und Träumens (vgl. XVIII Der Mond) geht zu Ende, und eine neue Realität löst die vorhergehende ab. Der Vorgang ist durchaus vergleichbar dem Erwachen eines Schlafenden aus seiner Traumwelt, hinein in die Welt der Tagesrealität. Anders ausgedrückt: Der Schritt von der Unbewußtheit hin zur *Bewußtheit.* Die Bewußtheit von Bild XIX Die Sonne ist eine *vorwärtsgerichtete* Bewußtheit, die sich dem Zukünftigen, dem Kommenden mit all seinen Aufgaben und Möglichkeiten zuwendet. Der Tarot kann mit dieser Karte zum Ausdruck bringen, daß die Antwort an den Fragenden in der Zukunft liegt und daß er sich *bewußt* dieser Zukunft, dem Leben, zuwenden soll, um die Antwort erfahren und aufnehmen zu können, wenn sie kommt.

Eng verbunden mit dieser vorwärtsgerichteten Bewußtheit ist Kontaktaufnahme, Interaktion mit allen Fakten und Möglichkeiten des Lebens, wie sie sich uns bieten. All das kann am besten mit dem Wort *Kommunikation* umschrieben und erfaßt werden. Wenn der Tarot XIX Die Sonne gibt, kann dies auch heißen: Nimm Kontakt auf, öffne dich bewußt dem Leben und allem, was dieses Leben enthält und ausmacht. Kommuniziere und gehe mitten hinein in den Strom des lebendigen Lebens.

Fragen, die nach dem Ziehen dieser Karte zu stellen sind:

Will der Tarot mich mit Bild XIX Die Sonne darauf hinweisen, daß für mich in irgendeiner Weise eine Geburtssituation besteht, entweder indem ich selbst »geboren« werden soll oder das hinterfragte Problem mit Geburt im weitesten Sinne in Verbindung zu bringen ist?

Will mich der Tarot mit XIX Die Sonne dazu auffordern, das hinterfragte Problem mit vorwärtsgerichteter Bewußtheit anzugehen?

Will mich der Tarot mit XIX Die Sonne dazu auffordern, auf Menschen zuzugehen, Kommunikation zu pflegen, sei es ganz allgemein oder in Zusammenhang mit dem hinterfragten Problem?

Beachte den Unterschied zu IX Der Eremit:

XIX Die Sonne zeigt eine *vorwärtsgerichtete, zukunftsorientierte Bewußtheit.* IX Der Eremit beinhaltet eine *rückwärtsgewandte, vergangenheitsorientierte Bewußtheit*, die darüber Klarheit erlangen will, was war. Der Eremit hat das Leben hinter sich und den Tod vor sich. Das Kind von XIX Die Sonne hat den Tod hinter sich und das Leben vor sich.

XX Gericht

Schlüsselbegriff:
Reinkarnation

Die Karten der Großen Arkana zeigen bildhaft gestaltet den alten Einweihungsweg des Menschen und der Menschheit. Dieser Einweihungsweg lehrt die Reinkarnation, die Wiederverkörperung, die nach der auflösenden und transformierenden Todeserfahrung auf den Menschen wartet. Der Titel »Gericht« ist eindeutig ein Tarnname, wie manch anderer im Tarot, dazu bestimmt, die Bildmotive des Tarot ins Christliche umzudeuten, in diesem Falle eine Darstellung des Jüngsten Gerichtes vorzugeben.

Worum es in der Reinkarnation geht, zeigt die Darstellung der vom Engel erweckten Toten, die in kubischen Sarkophagen stehen. Der Kubus ist ein Symbol der Materie, und damit wird ausgesagt, worum es bei der Reinkarnation geht: Reinkarnation ist Wieder-Materialisierung, Wieder-Verkörperung, wie dies auch in der Übersetzung des Wortes Reinkarnation, *Wieder-Fleischwerdung*, zum Ausdruck kommt.

Reinkarnation ist in jedem Falle eine *neue Chance*, etwas in Ordnung zu bringen, eine Lösung herbeizuführen, wie es unter den in der Vergangenheit liegenden Umständen offenbar nicht möglich war. Jede Wiederverkörperung sollte auf eine höhere Ebene, gewissermaßen auf eine höhere Oktave der vorhergehenden führen. Die in der vergangenen Inkarnation gemachten Erfahrungen, die in der nachtodlichen Meditation (vgl. XVII Der Stern) zu Erkenntnissen herangereift sind, können jetzt angewandt, das heißt materialisiert werden. Karmische Aufgaben können, von gewissen Ausnahmen abgesehen, die mit dem Jesuswort »Gnade« in Verbindung stehen, grundsätzlich nur auf der materiellen Ebene gelöst werden. Darum ist auch die Rückkehr zur materiellen Ebene, die Reinkarnation, notwendig.

Wenn der Tarot Karte XX Gericht gibt, dann will er uns darauf aufmerksam machen, daß das hinterfragte Problem als etwas zu betrachten ist, das seinen Ursprung in der Vergangenheit hat, und daß sich jetzt die Chance bietet, das Problem dank unserer seither gewachsenen Erfahrung und Erkenntnis zu lösen. Mit Vergangenheit ist in der Tarotpraxis nicht unbedingt die große, in frühere Inkarnationen zurückreichende Vergangenheit gemeint, sondern in den weitaus meisten Fällen umfaßt diese Vergangenheit nur das Geschehen innerhalb der jetzt gültigen und vorhandenen Inkarnation.

Ferner kann uns der Tarot mit XX Gericht darauf hinweisen, daß es unsere Aufgabe ist, auf eine höhere Ebene zu gelangen und daß das hinterfragte Problem sowohl Mittel als auch Weg dazu sein könnte.

Die Frage, die nach dem Ziehen dieser Karte zu stellen ist:

Will mich der Tarot mit XX Gericht darauf hinweisen, daß ich eine *neue Chance* habe, etwas in Ordnung zu bringen und zu bewältigen, was mir bisher nicht möglich war, und daß das hinterfragte Problem in diesem Zusammenhang gesehen werden sollte?

XXI Die Welt

Schlüsselbegriffe:
Kosmische Harmonie, Vollendung, Ganzheit, Rhythmus, Zyklus

Bild XXI Die Welt zeigt den Kosmos in einem ausgewogenen, harmonischen Zustand. Alles und jedes befindet sich zur richtigen Zeit am richtigen Ort. Daß dieser harmonische, balancierte Zustand für die ganze »Welt« gilt, zeigen die sogenannten vier lebenden Wesen Löwe, Stier, Engel, Adler als Symbole der Tierkreiszeichen Löwe, Stier, Wassermann, Skorpion, die im Tierkreis das fixe Kreuz bilden und sich auf der bildlichen Darstellung buchstäblich in den »vier Ecken der Welt« befinden.

Jede Harmonie und Vollendung ist gleichzeitig auch *Ganzheit,* die auf XXI Die Welt im Mandala des ovalen Kranzes zum Ausdruck kommt. Jede Ganzheit und Ausgewogenheit entsteht aus dem *Ausgleich verschiedener polarer Kräfte,* die gemeinsam im Dienste von etwas Höherem und Größerem zur Einheit gefunden haben. Innerhalb dieses Kranzes ist auf Bild XXI eine tanzende Gestalt mit zwei Stäben in der Hand abgebildet. Es handelt sich um den sogenannten Androgyn, ein Wesen, das sowohl über weibliche Brüste wie auch männliche Geschlechtsorgane verfügt und so die vollkommene Synthese, die Ganzheit und Einheit zwischen männlicher und weiblicher Energie zum Ausdruck bringt. Die zwei Stäbe, die der Androgyn in den Händen hält, sind Symbol dieser männlichen und weiblichen Energien, die in der Erscheinung des Androgyn zu einer vollkommenen Einheit gefunden haben.

Wenn der Tarot XXI Die Welt gibt, kann er damit darauf hinweisen, daß diese Ganzheit in der Ausgewogenheit dem Fragenden entweder als Erfahrung oder als Aufgabe gegeben ist. Erfahrungsgemäß erscheint Bild XXI Die Welt öfters in Problemsituationen, die auf den ersten Blick gar nichts oder nur wenig mit Harmonie und Balance zu tun zu haben scheinen. In diesem Falle will uns XXI Die Welt dazu auffordern, das hinterfragte Problem einmal von einem anderen, höheren Standpunkt aus zu betrachten als dem persönlichen, der mehr die eigenen egoistischen Interessen vertritt. Bild XXI fordert auf, aus der – in Bild X Das Rad des Schicksals – gewonnenen Erkenntnis und Einsicht heraus zu handeln, das große Gesetz des Kosmos zu materialisieren.

Genau diese Materialisierung, Umsetzung des großen kosmischen Gesetzes in unseren persönlichen Problemen, kann als gestellte Aufgabe auch gemeint sein, wenn der Tarot XXI Die Welt zu einem hinterfragten Problem gibt. In diesem Falle geht es darum, so zu handeln, daß die Lösung des hinterfragten Problems in das große Ganze harmonisch integriert wird – nach dem Gesetz »Wie oben so unten« – und unsere persönliche Harmonie in Übereinstimmung ist mit der großen kosmischen Harmonie.

Wichtig ist auch zu beachten, daß die Grundkräfte männlich-weiblich in der Tarotpraxis in einem erweiterten Sinne über ihre wörtliche Bedeutung hinaus zu betrachten sind. Alle zueinander entgegengesetzten polaren Kräfte können darunter verstanden werden, auch wenn sie nicht unbedingt viel mit männlich oder weiblich zu tun haben. Es geht bei Bild XXI Die Welt um den Ausgleich gegensätzlicher Kräfte schlechthin.

Wichtig ist auch der Umstand, daß der Androgyn tanzt. Tanz ist rhythmisch-zyklische Bewegung, und Rhythmus-Zyklus ist ein wesentlicher Teil der in Bild XXI Die Welt ausgedrückten Harmonie und Ausgewogenheit. Das Wesen des Kosmos ist Schwingung (vgl. Zwei der Münzen), Schwingung von einem Pol zum andern, wie Tag und Nacht, Ebbe und Flut. Der harmonisch ausgewogene Zustand des Kosmos zeigt sich als Lebendigkeit, ausgedrückt durch rhythmisch-zyklische Schwingung. Jeder Stillstand und jede gegenseitige Neutralisierung oder gar Aufhebung der kosmischen Kräfte würde zum Stillstand und zur Erstarrung führen. Erstarrung aber ist gleichzusetzen mit Tod. Deshalb kann eine einmal erreichte Harmonie nicht als Dauerzustand gehalten werden, weil dies genau in diese Erstarrung und Unbeweglichkeit hineinführen würde. Auch die vollendete Harmonie und Ausgewogenheit kann aus dem gleichen Grund nicht bestehen bleiben, sondern muß sich stets weiterentwickeln, so wie ein Augenblick im Hier und Jetzt Ausgangspunkt für den nächsten noch in der Zukunft verborgenen Augenblick ist. Vollendete Ordnung und Harmonie kann sich aber nur in *einer* Richtung hin weiterentwickeln, in die der Auflösung, des Loslassens, um Platz zu schaffen für die nächste Möglichkeit.

In diesem Sinne kann der Tarot mit XXI Die Welt auch zur Bereitschaft auffordern, einen an und für sich harmonischen und ausbalancierten Zustand im gegebenen Moment aufzugeben und loszulassen, damit neue und weiterführende Entwicklungen möglich sind.

Fragen, die nach dem Ziehen dieser Karte zu stellen sind:

Will mich der Tarot mit XXI Die Welt darauf aufmerksam machen, daß Ausgewogenheit und Harmonie im kosmischen Sinne für mein hinterfragtes Problem von besonderer Bedeutung sind, daß es entweder darum geht, einen persönlich gefärbten Standpunkt zugunsten einer umfassenderen kosmisch orientierten Betrachtungsweise aufzugeben oder zu erkennen, daß das hinterfragte Problem nur aus meiner Sicht heraus ein Problem ist, in sich selbst aber ausgewogen, harmonisch – also problemlos ist?

Will mich der Tarot mit XXI Die Welt darauf hinweisen, daß die Lösung meines Problems in Vollendung und Ganzheit zu suchen ist, die auf irgendeine Weise herbeigeführt werden sollen?

Will mich der Tarot mit XXI Die Welt dazu auffordern, das Gesetz von Rhythmus und Zyklus zu beachten und rechtzeitig für neue Entwicklungen offen zu sein, selbst wenn sie auf Kosten des bisher Gültigen, einer bisher bestehenden Harmonie gehen, um nicht in tödliche Erstarrung zu verfallen?

Beachte den Unterschied zu X Das Rad des Schicksals:

Bild X Das Rad des Schicksals zeigt die große kosmische Ordnung als *formuliertes Gesetz*. (Im Tarot von A. E. Waite lesen die vier lebenden Wesen im Buch des Gesetzes.) Bild XXI Die Welt zeigt das große kosmische Gesetz als *materialisierte Realität.*

0 Der Narr

Schlüsselbegriff:
Möglichkeit

Bild 0 Der Narr steht in engem Zusammenhang mit Bild XXI Die Welt. Beiden Karten ist gemeinsam, daß sie *Ganzheit* zum Ausdruck bringen – allerdings von zwei gegensätzlichen Aspekten aus betrachtet. Beide Karten zeigen diese Ganzheit durch ein Mandala an, dem uralten Symbol der Ganzheit. Karte XXI Die Welt enthält das Mandala in Form des ovalen Kranzes, bei Bild 0 Der Narr ist es die Ziffer 0, die zum Mandala wird. (Es ist wichtig, sich bei der Interpretation dieser Karte nicht vom Namen »Der Narr« leiten zu lassen, sondern diese Tarotkarte als namenloses, reines Bild an sich zu betrachten. Der Fehler, Bild 0 nur noch unter dem Aspekt des archetypischen »Narren« zu sehen, geschieht sehr häufig und führt unweigerlich zu Fehlinterpretationen.)

Ganzheit gibt es in zwei Versionen, Ganzheit in der Form und Ganzheit im Chaos. Ganzheit in der Form ist einem Gebilde vergleichbar, das aus verschiedenen Bauteilen zusammengesetzt ist. Jeder Bauteil hat in dieser Ganzheit seine ganz bestimmte Aufgabe. Der Teil ist nicht für sich allein vorhanden, sondern dient dem Ganzen innerhalb der bestehenden Form.

Wird die bestehende Form in ihre Einzelteile zerlegt, wird die Ganzheit dadurch nicht aufgehoben, sie zeigt sich nur auf eine andere Weise. Die einzelnen auseinandergenommenen Bauteile bilden zusammen eine andere Ganzheit, die durch das Fehlen einer Form gekennzeichnet ist. Diese Ganzheit der auseinandergenommenen Bauteile – dem schöpferischen Chaos vergleichbar – bildet die Grundlage und den Rohstoff für eine neue Form, die ebenfalls aus sämtlichen Bauteilen zusammengesetzt ist, aber eine von der früheren verschiedene Form aufweist. Bild XXI Die Welt und Bild 0 Der Narr sind in diesem Sinne eine höhere Oktave der Bilder XIII Tod und XIV Mischung. Das zu diesen Karten Gesagte in den entsprechenden Abschnitten gilt auf einer höheren Ebene auch für die Karten XXI Die Welt und 0 Der Narr.

Wenn eine alte Form auseinandergenommen ist und nur noch die Ganzheit der zusammenhanglos vorhandenen Bauteile vorhanden ist, dann bestehen unzählige Möglichkeiten, aus diesen einzelnen Teilen eine neue Form zu gestalten. Das ist der Umstand, auf den beim Bild 0 Der Narr hingewiesen wird.

Wenn der Tarot Bild 0 Der Narr zu einem hinterfragten Problem gibt, dann will er damit zum Ausdruck bringen, daß die hinterfragte Situation in gewisser Weise einem schöpferischen Chaos entspricht – auch wenn es dem Fragesteller vorerst nicht so erscheinen mag –, das neue Möglichkeiten und Chancen enthält, die zum Aufbau und zur Gestaltung von etwas Neuem genutzt werden können. »Das Alte ist vergangen und das Neue noch nicht geworden« ist, in einem Satz ausgedrückt, der Inhalt von Bild 0 Der Narr. Jetzt geht es darum, die Chancen und Möglichkeiten in der hinterfragten Problematik wahrzunehmen, zu erkennen und für die persönlichen Lebensumstände im erwähnten Sinne zu nutzen.

Die Frage, die nach dem Ziehen dieser Karte zu stellen ist:

Will mir der Tarot mit 0 Der Narr die Aufgabe stellen, im hinterfragten Problem den Rohstoff, die Bauteile für neue Möglichkeiten und Chancen zu erkennen und diese für meine Lebensgestaltung und persönliche Entwicklung zu nutzen?

As der Stäbe

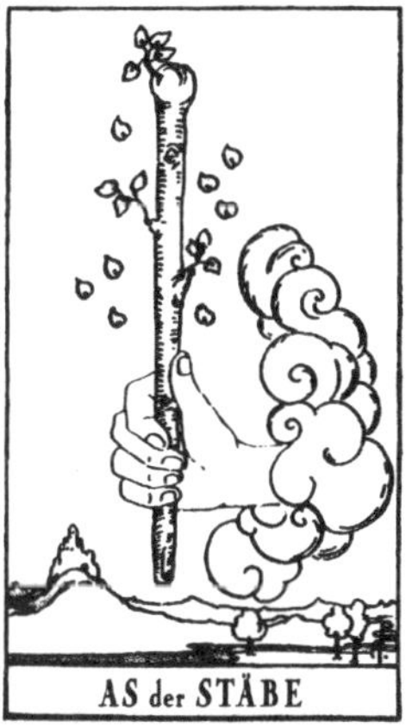

Schlüsselbegriffe: Ur-Feuer, Kraft, Libido, Durchdringung

Im Tarot verkörpern die Stäbe die Kraft an sich, jene Kraft, die am Anfang war und die der Ursprung von allem ist. Es ist dies die Kraft, deren Vorhandensein oder Fehlen darüber entscheidet, ob etwas lebendig ist oder nicht. Darum steht As der Stäbe auch am Anfang der Zahlenkarten, denn diese Kraft des Elements Feuer ist gleichsam der Ursprung aller anderen Grundenergien, des Wassers, der Luft und der Erde. Nur durch das Feuer, das am Anfang ist, können diese anderen Elementarenergien auch ihrerseits ihre Wirkung entfalten. Ja, man kann sogar noch weiter gehen und behaupten, daß alle anderen Energien Transformationen der ursprünglichen Feuer-Energie sind, denn wo das Feuer und somit die Wärme fehlen, gibt es auch kein Leben, ist alles Erstarrung und damit Tod.

Aus der Perspektive des Tarot gesehen kann die Energie des Feuers nicht direkt wahrgenommen, sondern nur an ihren Auswirkungen festgestellt werden. Darum trägt das magische Werkzeug des Stabes stets Knospen oder Blätter, um zu zeigen, daß der Stab durch und durch von Leben und Lebenskraft erfüllt ist. Daraus ergibt sich ein direkter Zusammenhang zum Feuer und der damit verbundenen Eigenschaft der Wärme. Wärme ist im buchstäblichen Sinne keine oberflächliche Angelegenheit. Legen wir einen Gegenstand auf eine warme Herdplatte, so wird nicht nur die Oberfläche dieses Gegenstandes erwärmt, sondern die

Wärme durchdringt alles und jedes an diesem Gegenstand. Physikalisch entsteht Wärme durch beschleunigte Vibration aller Moleküle dieses Gegenstandes. Je schneller sie vibrieren, um so wärmer und heißer wird dieser Gegenstand und um so mehr Kraft ist vorhanden. Wer sich dieses Bild vor Augen hält, ist in der Lage, alle Situationen, die durch As der Stäbe erfaßt werden, konkret zu verstehen.

So ist Leben und Lebendigkeit in jeder Zelle unseres Körpers vorhanden, und die Lebenskraft, die uns zur Lebendigkeit antreibt, kann am besten mit dem psychologischen Fachbegriff der *Libido* ausgedrückt werden. Libido ist nicht nur, wie manchmal mißverstanden, ein sinnverwandtes Wort für Sexualität, sondern umfaßt die geschilderte Lebenskraft schlechthin.

Wenn der Tarot As der Stäbe gibt, will er damit sagen, daß das hinterfragte Problem nur gelöst werden kann, wenn wir es mit einer uns ganz und gar durchdringenden Kraft angehen. Diese Kraft kann sich als Wille, Entschlossenheit, Entschiedenheit, Stärke, Engagement (es gibt viele Möglichkeiten der Formulierung) zeigen, kurz gesagt als ein Handeln, das in jeder Beziehung *kraftvoll* ist.

Die Frage, die nach dem Ziehen dieser Karte zu stellen ist:

Will mir der Tarot mit As der Stäbe zeigen, daß mein hinterfragtes Problem nur zu lösen ist, wenn ich meine ganze Kraft und Vitalität mit allem, was damit verbunden ist, dafür einsetze?

Zwei der Stäbe

Schlüsselbegriff:
Autorität (autoritativ oder autoritär)

Wenn der Tarot dem Ratsuchenden Zwei der Stäbe zur Antwort gibt, will er damit zeigen, daß das hinterfragte Problem mit Autorität zu tun hat oder ein Autoritätsproblem ist. Das klingt einfach, ist es aber nicht. Der Begriff Autorität stammt vom lateinischen Stammwort *augere* (das heißt wachsen machen, mehren, fördern, vergrößern; erhöhen, verherrlichen) und bedeutet: die zwingende Macht des Überlegenen; Ansehen, maßgebende Persönlichkeit.

Jedes dieser vielen Wörter bringt nur eine Facette des Oberbegriffs Autorität zum Ausdruck. Jede dieser Facetten kann die zutreffende Antwort auf die Frage enthalten, und darum ist eine so eingehende und gründliche Analyse der hinterfragten Situation notwendig wie vielleicht bei keiner anderen Karte des Tarot.

Wer Autorität hat, verfügt entweder über die persönliche Ausstrahlung oder über die entsprechende Position, um seine Umgebung mit seinem Willen zu durchdringen und dafür zu sorgen, daß alles entsprechend diesem Willen geschieht.

Autorität hat zwei Aspekte, welche mit den Bezeichnungen autoritativ und autoritär benannt werden. Autoritativ bedeutet »in legitimer Vollmacht handelnd und entscheidend«, während autoritär das genaue Gegenteil beinhaltet, nämlich »in illegitimer Machtanmaßung handelnd, sich nur von seiner stärkeren Position aus behauptend und die andern zwingend«. Echte, also autoritative Autorität braucht sich nicht ständig zu beweisen, sie ist vorhanden, man hat sie. Der Autoritäre hingegen sieht sich immer wieder in der Lage, seine Autorität, seine Macht unter Beweis stellen zu müssen, ohne Rücksicht auf Recht oder Unrecht.

Welche all dieser verschiedenen Möglichkeiten oder auch Gegensätzlichkeiten zutreffen, kann nur durch eine genaue und sorgfältige Analyse des betreffenden Problems beantwortet werden.

Fragen, die nach dem Ziehen dieser Karte zu stellen sind:

Der Tarot konfrontiert mich mit Zwei der Stäbe und bringt damit zum Ausdruck, daß ich mich einem Autoritätsproblem gegenüber sehe: Handelt es sich dabei um Autorität im autoritativen oder autoritären Sinne?

Bin ich selbst die Autorität oder handelt es sich um eine Autorität, die von außen her auf mich einwirkt und mein Leben beeinflußt?

Will mich der Tarot mit Zwei der Stäbe dazu auffordern, mein hinterfragtes Problem einmal unter dem Aspekt Autorität zu betrachten?

Drei der Stäbe

Schlüsselbegriff:
Verwurzelung

Eine Pflanze hat Wurzeln, was bedeutet, daß sie an einen bestimmten Standort gebunden ist. Dort findet sie dank ihrer Verwurzelung Geborgenheit und Halt. Wenn die Pflanze an einen anderen Standort umgesiedelt werden soll, muß dies mit größter Behutsamkeit und Sorgfalt geschehen, und nicht immer ist bei der Verpflanzung der Erfolg garantiert.

Auch beim Menschen kann Verwurzelung vorhanden sein. Sie zeigt sich in der Situation, in dem Umfeld, worin ein Mensch lebt. Je länger diese Lebenssituation besteht, um so stärker ist die Verwurzelung, um so größer ist der Stellenwert, den sie im Leben eines Menschen einnimmt.

Nehmen wir einmal an, ein Angestellter erhält von seiner Firma das Angebot eines Außenpostens in einer anderen Stadt, in einem anderen Land, verbunden mit einem beträchtlich höheren Gehalt und einer vielseitigeren, interessanteren Tätigkeit. Die betreffende Person zieht den Tarot zu Rate und erhält als Antwort Drei der Stäbe. Diese Karte will den Fragesteller darauf aufmerksam machen, seine Verwurzelung näher zu betrachten und sie sich bewußt werden zu lassen. Vielleicht lebt der Ratsuchende seit mehreren Jahren in der gleichen Stadt in einer mit viel Liebe und Sorgfalt eingerichteten Eigentumswohnung. Er hat ein Beziehungsnetz aufgebaut, in dem er sich wohl und geborgen fühlt. All das ist Verwurzelung.

Wohlverstanden, der Tarot sagt durch Drei der Stäbe nicht aus, ob der Fragesteller das Angebot annehmen soll oder nicht. Aber er macht auf den wichtigen Aspekt aller Umstände der Verwurzelung aufmerksam. Der Angestellte muß sich mit der Frage auseinandersetzen, welchen Stellenwert die Verwurzelung in seinem Leben innehat. Wenn er das Angebot annimmt, bedeutet dies, alles, was er in den vergangenen Jahren an Verwurzelung aufgebaut hat, preiszugeben und an einem anderen Ort ohne Garantie auf Gelingen neu zu beginnen. Ist es dem Fragesteller wichtiger, seine Karriere unter Preisgabe seiner bestehenden Verwurzelung weiter zu verfolgen oder ist ihm die Geborgenheit in der bestehenden Verwurzelung so wichtig, daß er das Angebot nach reiflicher Überlegung ablehnen wird?

Man beachte, daß Verwurzelung unter bestimmten Aspekten auch eine eher negative Bedeutung haben kann. Dies ist dann der Fall, wenn man sich nicht traut, den Baumstamm, an dem man sich festhält, loszulassen und mit den eigenen Füßen den weiteren Lebensweg zu erkunden, wenn also das Festhalten an bestehenden Lebensverhältnissen zur Verengung des Horizontes und zu unnötiger Beschränkung führt.

Fragen, die nach dem Ziehen dieser Karte zu stellen sind:

Worin besteht die Verwurzelung, auf die mich Drei der Stäbe aufmerksam machen will, und welchen Stellenwert, welches Gewicht hat sie in meinem Leben?

Will mich Drei der Stäbe darauf aufmerksam machen, daß ich mich zu sehr an etwas festhalte und mich an Wurzeln binde, die meinem Naturell nicht entsprechen und die meine Lebensumstände unnötig einengen?

Will mich Drei der Stäbe auffordern, mich von einengender Verwurzelung zu lösen, den Weg in die Freiheit und Unabhängigkeit auf mich selbst gestellt zu wagen?

Vier der Stäbe

Schlüsselbegriff:
Phasenwechsel

Jemand will ein Haus bauen, um darin zu wohnen. Bevor er oder sie darin wohnen kann, ist eine Menge zu tun. Bauland oder ein geeignetes Objekt zur Renovierung muß gekauft werden; Architekt und Baumeister müssen Ideen und Vorstellungen der Bauherrschaft dann soweit als möglich in die materielle Wirklichkeit umsetzen. Das ist die Phase des Bauens. Erst wenn diese Phase des Bauens abgeschlossen ist, kann der Einzug in das Haus erfolgen und die nächste Phase, die Wohnphase, beginnen.

Vier der Stäbe zeigt in diesem Beispiel den Wechsel zwischen der Bau- und der Wohnphase an und macht darauf aufmerksam, daß die eine für unsere Unternehmung notwendige Phase jetzt abgeschlossen ist und die nächste beginnen kann oder soll. Vieles in unserem Alltagsleben läuft in solchen voneinander abgegrenzten Phasen ab, und es ist wichtig, rechtzeitig zu erkennen, wann eine Phase abgeschlossen ist und eine neue beginnt. Wenn ein solcher Phasenwechsel versäumt oder absichtlich hinausgezögert wird, können unangenehme Folgen daraus entstehen. Auf unser Beispiel bezogen, könnte der Bauherr während der Bauphase auf immer neue Ideen kommen und dem Architekten ständig neue Abänderungs- und Erweiterungsvorschläge zur Ausführung in Auftrag geben. Dies verlängert nicht nur die Bauphase unverhältnismäßig, sondern kann auch die zur Verfügung stehenden finanziellen Mittel derart strapazieren, daß das Projekt möglicherweise als sogenannte Bauruine unvollendet in der Landschaft stehen bleibt oder durch den Bankrott des Eigentümers in andere Hände übergeht. Der Bauherr hat in beiden Fällen durch sein unüberlegtes Vorgehen den fälligen Phasenwechsel verpaßt und hat nicht bemerkt, daß jetzt die Zeit des Bauens vorüber sein sollte, damit die Zeit des Wohnens beginnen kann.

Auch Ungeduld und unüberlegte Voreiligkeit können zu einem Nichtbeachten des Phasenwechsels führen, dann etwa, wenn der Bauherr, kaum ist das Dach auf dem Haus, mit dem Möbelwagen vorfährt und einzieht, bevor noch Wände und Innenausbau fertiggestellt sind. Auch in diesem Falle werden daraus unnötige Unannehmlichkeiten und Schäden entstehen.

Nicht immer sind in unserem Alltagsleben fällige Phasenwechsel so deutlich erkennbar wie in unserem Beispiel. Und doch ist es nicht weniger wichtig, sie auch in kleinen und nicht so offensichtlichen Dingen zu erkennen und entsprechend zu handeln. Auf solche anstehende Phasenwechsel will die Karte Vier der Stäbe aufmerksam machen.

Fragen, die nach dem Ziehen dieser Karte zu stellen sind:

Will Vier der Stäbe mich darauf aufmerksam machen, daß in der hinterfragten Angelegenheit ein Phasenwechsel fällig ist, ich mich von etwas Altem lösen muß, um den Beginn von etwas Neuem nicht zu verpassen?

Will Vier der Stäbe mich anhalten, Geduld zu üben, bis der richtige Zeitpunkt gekommen ist, etwas abzuschließen und etwas Neues zu beginnen?

Fünf der Stäbe

Schlüsselbegriff:
Die rechtmäßige Verteidigung

Eine der wichtigsten Aussagen der Bibel steht im 1. Buch Mose, Kapitel 1, Vers 31: »Und Gott sah an alles, was er gemacht hatte, und siehe, es war sehr gut.« Mit diesen Worten wird umschrieben, was in der Sprache der Esoterik die große kosmische Schöpfungsordnung genannt wird. Eine Ordnung, in der sich alles und jedes zur richtigen Zeit am richtigen Ort befindet. Zu dieser großen kosmischen Schöpfungsordnung, die in sich ausgewogen, also »gut« ist, gehört auch jeder einzelne Mensch, der durch seine Geburt zur richtigen Zeit an den richtigen Ort gestellt worden ist, um durch sein Dasein einen Teil dieser großen kosmischen Schöpfungsordnung zu bilden. An diesem Ort und zu dieser Zeit hat jeder einzelne Mensch die Aufgabe zugeteilt bekommen, durch sein Leben und sein Wirken dazu beizutragen, daß das »Gute« der großen kosmischen Schöpfungsordnung erhalten bleibt.

So sollte es wenigstens sein. Daß es in der Tat und in Wahrheit anders aussieht, wissen wir alle. Das Gleichgewicht der großen kosmischen Schöpfungsordnung wird immer wieder durch den Umstand gestört, daß Menschen sich von dem ihnen zugewiesenen Ort entfernen, andere Aufgaben erfüllen und andere Wege gehen als jene, die ihnen zugedacht sind. Diese Abweichung kann zwei Ursachen haben. Entweder verläßt ein Mensch – als einziges Geschöpf der kosmischen Schöpfungsordnung, das über Einsicht und daraus hervorgehend über Entscheidungsfreiheit verfügt – den ihm zugewiesenen Platz und die ihm übertragene Aufgabe aus freiem Willen oder er läßt zu, daß er von diesem ihm zugewiesenen Platz verdrängt wird. In beiden Fällen ist die große kosmische Schöpfungsordnung aus dem Gleichgewicht geraten, das »Gut« des siebten Schöpfungstages gestört.

Fünf der Stäbe will uns auf unseren Auftrag aufmerksam machen, den uns zugewiesenen Platz innerhalb der großen kosmischen Schöpfungsordnung bewußt zu erkennen und zu akzeptieren, um ihn notfalls gegen Angriffe von außen zu verteidigen und zu behaupten, da wir sonst die uns zugedachte Aufgabe innerhalb des Großen Ganzen nicht mehr erfüllen könnten. Für viele Menschen, besonders wenn sie dem traditionellen christlich-kirchlichen Denken verpflichtet sind, ist dieser Gedanke fremd, vielleicht sogar abstoßend, da dieses traditionelle kirchlich-christliche Denken ja ausdrücklich verlangt, daß Unrecht zu erleiden besser – ja sogar ehrenvoller – sei als sich zu wehren, da dies meist mit Gewaltanwendung verwechselt wird. Ein Blick auf die göttliche Schöpfungsordnung – betrachten wir nur als Beispiel das Immunsystem eines Organismus – zeigt indessen deutlich, daß die rechtmäßige Verteidigung im Rahmen dieser Schöpfungsordnung angelegt ist, also zu dem gehört, was Gott am siebten Tag für gut befand.

Haben wir einmal mit Bewußtheit erkannt, wo unser Platz im Großen Ganzen ist und besteht nun die Gefahr, daß er uns streitig gemacht werden soll, genügt in den meisten Fällen ein mutiges und entschiedenes Nein, und nur, wenn der Gegner dieses Nein gar nicht verstehen will, müssen stärkere Mittel zu unserer rechtmäßigen Verteidigung angewandt werden. Wie überall geht es auch hier um das richtige Maß.

Daß wir den uns zugewiesenen rechtmäßigen Platz mit dem richtigen Maß, also rechtmäßig zu verteidigen haben, darauf will uns Fünf der Stäbe aufmerksam machen. Wer sich aus Bequemlichkeit, falschverstandener Tugend oder gar Schwäche von diesem Platz verdrängen läßt, handelt genauso gegen die Ausgewogenheit der großen kosmischen Schöpfungsordnung wie derjenige, der die gesetzten Grenzen mutwillig überschreitet und dadurch einen Zustand der Unausgewogenheit herbeiführt.

Fragen, die nach dem Ziehen dieser Karte zu stellen sind:

Will mich Fünf der Stäbe darauf aufmerksam machen, daß ich dazu neige, aus Schwäche oder falschverstandener Tugend und Moral die mir rechtmäßig zugewiesene Position leichtfertig zu räumen, statt mich entschieden und im richtigen Maß gegen diese Verdrängung zur Wehr zu setzen?

Ich verteidige mich gegen einen Angriff. Geschieht diese Verteidigung rechtmäßig (also nicht aus egoistischen Gründen) und wähle ich dazu die richtigen Mittel und das rechte Maß?

Sechs der Stäbe

Schlüsselbegriff:
Rechtmäßiger Sieg

Sieg kann es nur da geben, wo vorher eine Auseinandersetzung stattgefunden hat zwischen zwei divergierenden Kräften, in der sich schließlich die eine durchsetzt und das Feld behauptet.

Gemessen an der großen kosmischen Schöpfungsordnung ist ein Sieg entweder rechtmäßig oder unrechtmäßig. Rechtmäßig ist er, wenn sich das in der Auseinandersetzung befindliche Kräftefeld schließlich so durchsetzt und gestaltet, daß es mit der höheren kosmischen Ordnung übereinstimmt. Aber auch das Gegenteil kann eintreten: daß nämlich diejenigen Kräfte, die sich nicht harmonisch in die große kosmische Ordnung integrieren wollen, den Sieg davontragen. In diesem Falle ist der Sieg kein rechtmäßiger, sondern die Durchsetzung einer Machtposition, die sich meist – sei es bewußt oder unbewußt – auf persönliche, egozentrische Motive stützt.

Da Sechs der Stäbe, wie alle Sechsen, eine ausgewogene, mit der kosmischen Ordnung übereinstimmende Situation zum Ausdruck bringt, ist es klar, daß diese Karte einen Sieg darstellt, der im erwähnten Sinne rechtmäßig ist.

Wenn der Tarot die Karte Sechs der Stäbe gibt, kann er damit zweierlei zum Ausdruck bringen. Entweder erhalten wir die Aufforderung oder die Aufgabe, in dem Problem, das hinterfragt wird und das sich meist in einem Konflikt äußert, einen rechtmäßigen Sieg anzustreben und unsere Bemühungen stets daraufhin zu überprüfen, ob sie von dieser Rechtmäßigkeit getragen sind oder vom Verlangen, eine persönliche Machtposition durchzusetzen.

Oder die Karte Sechs der Stäbe wird uns in einer Situation gegeben, in der wir einen Sieg errungen haben. In diesem Falle erinnert uns die Karte daran, diese Siegesposition in der rechtmäßigen Weise zu gebrauchen, also nicht zur Durchsetzung von persönlichen, egozentrisch bestimmten Vorstellungen und Wünschen.

Fragen, die nach dem Ziehen dieser Karte zu stellen sind:

Will mich Sechs der Stäbe dazu auffordern, im hinterfragten Problem einen Sieg anzustreben, der rechtmäßig ist und nicht nur mir selbst, sondern dem großen Ganzen und darin eingeschlossen schließlich auch dem Verlierer dient?

Will mich Sechs der Stäbe dazu auffordern, zu überprüfen, ob ich meine momentane Siegerposition in rechtmäßiger, das heißt dem großen Ganzen verantwortlicher Weise gebrauche oder zur Machtausübung, die nur mein Ego befriedigt?

Sieben der Stäbe

Schlüsselbegriffe: Mangelndes Realitätsbewußtsein, mißdeutete Realität, Projektion

Das gute Funktionieren unseres Alltagslebens hängt weitgehend davon ab, wie wir auf Situationen, mit denen wir konfrontiert sind, reagieren.

Bevor ich aus dem Haus gehe, läßt mich ein Blick aus dem Fenster erkennen, ob ich gut daran tue, einen Regenschutz mitzunehmen. Es wäre unklug, mich auf trockenes Wetter zu verlassen, nur weil ich es mir wünsche. Ein solches Handeln kann zu Überraschungen und unliebsamen Erfahrungen führen. Es ist ein Beispiel dafür, wie mangelndes Realitätsbewußtsein oder mißdeutete Realität Form annehmen kann.

Wenn es um so einfache Dinge des Alltags geht wie Sonne, Regen, Jahreszeit und Temperatur wird wohl selten jemand ein mangelndes Realitätsbewußtsein zeigen. Aber es ist immer wieder erstaunlich, wie sehr wir dazu neigen, unserem Wunschdenken und nicht der Realität entsprechend auf eine Situation zu reagieren. Unser Handeln seinerseits ruft wiederum Reaktionen der Umwelt hervor, die natürlich dann ebensowenig zur herrschenden Realität einen Bezug haben. Immer mehr werden wir so in ein Netz von Verwicklungen hineingezogen, aus dem wir uns nur sehr schwer wieder zu befreien vermögen.

Die Erfahrung zeigt, daß wir gerade in problematischen Situationen häufig dazu neigen, die herrschende Realität zu mißdeuten. Unser Unbewußtes steuert dieses Verhalten, welches nicht nur unbedingt auf Feigheit oder Angst vor den Tatsachen zurückgeführt werden kann, sondern auch auf Nachlässigkeit, da wir uns nicht die Mühe machen, eine Situation genau und von allen Seiten her zu beleuchten.

Gibt uns der Tarot die Karte Sieben der Stäbe, dann will er damit stets sagen: Paß auf! In dem Problem, das du hinterfragst, gibt es Fakten, die deiner Aufmerksamkeit entgehen. Deine Reaktion auf das Problem beruht auf falschen Voraussetzungen und muß entsprechend korrigiert werden. Mach die Augen auf und bemühe dich zu erkennen, was wirklich ist, und dein Handeln daran auszurichten.

Mißdeutete Realität heißt natürlich nicht in jedem Falle, daß die Tatsachen schlechter und unangenehmer sind, als wir wahrhaben wollen. Es kann oft gerade das Gegenteil der Fall sein: Vielleicht befürchten oder sehen wir in unserer Angst, die auf dem Boden von schlechten Erfahrungen gewachsen ist, zuerst einmal das Unangenehme und für uns Nachteilige und können deshalb nicht erkennen, daß die hinterfragte Problematik auch – möglicherweise überwiegend – ihre guten Seiten hat, sofern wir nur imstande sind, uns dieser Realität zu stellen.

Eine spezielle Art von mangelndem Realitätsbewußtsein wird mit Projektion bezeichnet. Auch Projektion geschieht immer unbewußt, was sie auch so heimtückisch macht.

Ein Beispiel für Projektion ist, daß mein Gefühl des Verliebtseins in eine Person mir genügt, um sicher zu sein, daß diese Person auch in mich verliebt ist. Ich projiziere meine Gefühle auf die betreffende Person, lese von ihr das in sie Projizierte wiederum als Tatsache ab und lasse mein Handeln davon beeinflussen, anstatt mich von der Realität zu überzeugen.

Nicht immer ist Projektion so handfest. Meist projizieren wir Energien, die in uns selbst sind und die wir nicht wahrhaben wollen, auf andere Menschen und schreiben sie diesen zu – ohne zu erkennen, daß es sich um unsere eigenen handelt. In diesem Falle wird uns der Tarot durch Sieben der Stäbe dazu ermahnen, uns selbst sehr genau zu hinterfragen, weil die Quelle der Problematik möglicherweise in uns selbst liegt und nicht in der äußeren Situation, in der wir sie zu erkennen meinen.

Die Frage, die nach dem Ziehen dieser Karte zu stellen ist:

Will mich Sieben der Stäbe darauf aufmerksam machen, daß ich die hinterfragte Situation nicht ihrer Realität gemäß erfasse und so Gefahr laufe, falsch zu handeln?

Acht der Stäbe

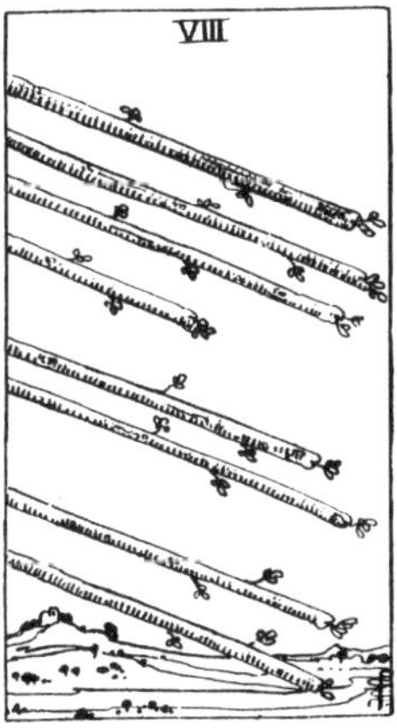

Schlüsselbegriffe:
Schnelligkeit, Entschiedenheit

Unser Handeln wird – viel mehr als wir uns dessen bewußt sind – von der uns umgebenden Umwelt und den damit verknüpften Strukturen beeinflußt. Wer sich am Wochenende mitten in einem Stau auf der Autobahn befindet, ist in diese Struktur eingebunden und kann sich, bis zur Auflösung des Staus, nur im Rahmen dieser Struktur bewegen.

Es gibt Strukturen, die zähflüssig bis stabil und unbeweglich sind und in welchen wir uns gehemmt, gebremst und festgebunden fühlen. Aber ebenso kann das Gegenteil der Fall sein. Dann nämlich, wenn die uns umgebenden Strukturen sich in einem ständigen Wechsel befinden und somit von uns ein rasches und entschiedenes Reagieren erfordern. Auf diesen zweiten Umstand trifft die Karte Acht der Stäbe zu.

Um die Energie von Acht der Stäbe aufzuzeigen, stelle man sich eine Porzellanvase vor, die sich auf einem Regal befindet. Ihr Standpunkt dort ist ihre Struktur, die von uns in diesem Falle kein weiteres Reagieren erfordert. Durch einen Einfluß von außen kann sich diese Struktur plötzlich zum Beispiel derart verändern, daß die Vase zu Boden fällt. Die neue Struktur, in der sich nun die Vase befindet, ist der schnelle freie Fall dem Boden zu. Wollen wir die Vase erhalten, können wir dies nur tun, solange sich die Vase in der Struktur des freien Falls befindet, was von uns ein schnelles Eingreifen erfordert. Erreicht sie den Boden, entsteht sofort eine neue »Struktur« in Form der Teilstücke, in welche die

Vase dort zerbricht. Eine Rettung und Bewahrung ist dann nicht mehr möglich.

Dieses analysierte Beispiel zeigt mit aller Deutlichkeit, worauf es bei Acht der Stäbe ankommt: auf Schnelligkeit und Entschiedenheit. Jede Verzögerung würde das von uns beabsichtigte Handeln unmöglich machen. Der Tarot gibt die Karte Acht der Stäbe also immer dann, wenn zu einer Problemlösung schnelles und damit verbunden entschiedenes Handeln verlangt wird, weil die vorhandene Struktur des Problems, innerhalb welcher uns überhaupt eine Möglichkeit des Reagierens eingeräumt ist, nur kurz andauert oder ihr Ende unmittelbar bevorsteht.

Die Frage, die nach dem Ziehen dieser Karte zu stellen ist:

Will mich die Karte Acht der Stäbe darauf aufmerksam machen, daß die Zeit und damit auch die Möglichkeit, in einem von mir hinterfragten Problem durch mein Handeln Einfluß zu nehmen, knapp bemessen sind und daher Entschiedenheit und Schnelligkeit gefordert sind?

Beachte den Unterschied zu Sieben der Schwerter:

Beiden Karten, Acht der Stäbe und Sieben der Schwerter, ist gemeinsam, daß sie auf eine *äußere Situation* hinweisen, die sich in einer dynamischen Entwicklung befindet und die vom Frager nicht beeinflußt werden kann.

Acht der Stäbe legt den Akzent auf die Frage, wie ich in dieser Situation *handeln* kann.

Sieben der Schwerter hingegen betont die Frage, wie ich in dieser äußeren, meiner Einflußnahme entzogenen Situation meine persönliche Ordnung den jeweiligen Gegebenheiten anpassen kann.

Neun der Stäbe

Schlüsselbegriffe:
Potential, Bereitschaft, Stauung

Neun der Stäbe läßt sich am besten mit einer Batterie vergleichen. Primär ist die Batterie ein Energie-Potential; die Energie ist vorrätig, aber sie fließt nicht. Erst wenn die Batterie in das entsprechende Gerät eingesetzt wird, kommt die Energie zum Fließen und entfaltet ihre Wirkung. Neun der Stäbe will darauf aufmerksam machen, daß grundsätzlich Energie oder die spezielle zur Klärung oder Lösung des hinterfragten Problems benötigte Energie vorhanden ist, aber aus irgendwelchen Gründen nicht oder noch nicht zum Fließen kommen kann.

Bei der Analyse der hinterfragten Situation müssen wir uns als erstes der Frage zuwenden, warum die vorhandene Kraft nicht fließen kann. Ist sie blockiert und müssen wir den Auslöser finden, der den Kraftfluß in Bewegung setzen kann?

Ist es überhaupt sinnvoll, den Kraftfluß auszulösen? Oder haben wir die Kraft als Potential wahrzunehmen, zu wissen, daß sie vorhanden, der Zeitpunkt zum Einsatz aber noch nicht gekommen ist?

Dies würde dem zweiten Schlüsselbegriff, demjenigen der Bereitschaft, entsprechen. In diesem Falle weist uns die Karte darauf hin, daß Achtsamkeit geboten ist, Achtsamkeit für den Augenblick, in dem unsere ganze Kraft gefordert wird oder werden wird, und daß es darum geht, uns sorgfältig durch Anlegung eines Energievorrates auf dieses Gefordertsein vorzubereiten.

In diesem Zusammenhang sollten wir uns daran erinnern, daß es mannigfaltige Formen und Manifestationen von Energie gibt. Auch Geld ist beispielsweise ein Energiepotential, und so kann Neun der Stäbe ganz einfach auch *Geld sparen* bedeuten.

Neun der Stäbe kann auch sagen: Du hast genug Energie und Kraft zur Verfügung; es geht nur darum, sie zum Fließen, zum optimalen Einsatz bringen zu können.

Wenn ein vorhandenes Potential sich ständig verstärkt, entsteht eine Stauung. Wird nicht rechtzeitig für einen entlastenden Abfluß gesorgt, können sich unter Umständen gefährliche Kräfte entwickeln, die irgendwann unserer Kontrolle entgleiten und sich auf mehr oder weniger gewaltsame Weise von selbst entladen, ähnlich einem Dampfkessel, in welchem der Druck ständig ansteigt, bis der Kessel explodiert und Zerstörung anrichtet. In einem solchen Falle warnt uns Neun der Stäbe vor einer gefährlichen Energiestauung und rät uns, beizeiten für Abfluß und Entladung zu sorgen.

Fragen, die nach dem Ziehen dieser Karte zu stellen sind:

Will mich Neun der Stäbe darauf aufmerksam machen, daß mir in bezug auf die hinterfragte Situation ein großes Kraftpotential zur Verfügung steht, das aber in seinem Fluß blockiert oder behindert ist?

Will mich Neun der Stäbe dazu anhalten, meine Kräfte sorgfältig zu sammeln, um sie dann im richtigen Moment zur Verfügung zu haben?

Will mich Neun der Stäbe vor einer gefährlichen Kräftestauung warnen und mir raten, rechtzeitig für kontrollierte Entladung und bewußte Ableitung zu sorgen?

Zehn der Stäbe

Schlüsselbegriffe:
Den Dingen ihren natürlichen Lauf lassen oder sich dagegen stemmen

Die Karte Zehn der Stäbe erscheint durch ihre Schlüsselbegriffe auf den ersten Blick widersprüchlich, und sie ist es vielleicht auch. Widersprüche bilden einen Teil unserer selbst und unseres Lebens. Wenn wir mit Widersprüchen konfrontiert sind, werden wir vor die Frage gestellt, ob wir den Dingen ihren Lauf lassen oder ob wir uns dagegen stemmen sollen, also Widerstand leisten und gegen den Strom schwimmen sollen.

In der modernen spirituellen Psychologie spielt das Loslassen eine wichtige Rolle. Laß los, was dich bedrückt! Laß los und akzeptiere – und du bist von deinen Schwierigkeiten, deinem Leidensdruck befreit! So etwa lauten die Leitsätze, denen wir in Lebenshilfebüchern, in Workshops und bei spirituellen Lehrern immer wieder begegnen. Das klingt einleuchtend und überzeugend und mag in manchen Fällen auch zutreffen und Hilfe bringen. Aber es gibt auch Situationen, in welchen die gutgemeinte Aufforderung mehr Schaden anrichtet als nützt und die Probleme nicht löst, sondern bloß verwässert und gegebenenfalls »narkotisiert«.

Ist der Lauf, den die Dinge nehmen, in jedem Falle positiv? Zweifel ist angebracht. Ist es beispielsweise gut, einer grausamen, despotischen Diktatur einfach ihren Lauf zu lassen, oder ist es in diesem Falle nicht besser, Widerstand zu leisten? Das Laufenlassen kann in manchen Fällen zu

Opportunismus, Mitläufertum und Verantwortungslosigkeit führen. Aber umgekehrt besteht auch die Möglichkeit, daß durch Widerstand am falschen Ort und zur falschen Zeit manche gute und mit den kosmischen Gesetzen in Einklang stehende Entwicklung gestört oder gar verhindert wird.

Zehn der Stäbe will uns aufzeigen, daß wir uns in einer widersprüchlichen Situation befinden, und stellt uns vor die Entscheidung, diese so zu belassen oder uns dagegen aufzulehnen. Diese Entscheidung kann uns niemand abnehmen, auch der Tarot nicht. Und wir dürfen darauf vertrauen, daß bereits die Auseinandersetzung mit diesem Widerspruch uns für die Lösung des hinterfragten Problems eine große Hilfe ist.

Die Frage, die nach dem Ziehen dieser Karte zu stellen ist:

Will mich Zehn der Stäbe darauf aufmerksam machen, daß ich in bezug auf mein hinterfragtes Problem vor die Entscheidung gestellt bin, den Dingen entweder ihren Lauf zu lassen oder mich dagegen zu stemmen und Widerstand zu leisten?

Beachte den Unterschied zu Acht der Kelche:

Auch Acht der Kelche beinhaltet die Energie des Loslassens: Es geht dort darum, den Willen oder das Bedürfnis loszulassen, eine äußere Struktur zu verändern, die so stark ist, daß ich keinen Einfluß darauf nehmen kann und mit meinen Bemühungen notgedrungenermaßen scheitern muß.

Bei Zehn der Stäbe sind die äußeren Umstände in einem eigendynamischen Fluß begriffen, welchen zu akzeptieren, also laufenzulassen, oder zu unterbrechen ich mich entscheiden muß.

As der Kelche

AS der KELCHE

Schlüsselbegriffe:
Ur-Wasser, Gefühle und Emotionen

Das Element Wasser steht für eine Energie, die sich *aus sich selbst heraus bewegt,* ohne sichtbaren Einfluß von außen. Das Symbolbild mag in archaischen Zeiten durch Beobachtung eines Flusses entstanden sein, dessen stetige Bewegung scheinbar ohne äußere Einwirkung oder Ursache geschieht.

Zur Übertragung dieses Phänomens in die menschliche Existenz und das menschliche Erleben bietet sich der weite, umfassende Bereich der Gefühle und Emotionen an. Gefühle bezeichnen den Seinszustand, in dem wir uns befinden, wie etwa Freude, Trauer, Wut. Emotionen sind die Art und Weise, wie wir diese Gefühle zum Ausdruck bringen, wie lachen, weinen, toben.

Gefühle und Emotionen stehen im menschlichen Leben für das aus sich selbst heraus Fließende. Wir können uns nicht bewußt dazu entschließen, uns morgen um 16 Uhr zu verlieben; ebensowenig ist es uns möglich, zu bestimmen, zu welchem Zeitpunkt wir nächste Woche einen echten Zornanfall bekommen werden. Die Spontaneität der Gefühle und Emotionen und deren Ausdrucksmöglichkeit gelten heute in der Psychologie weitgehend als Gradmesser, mit dem die Lebendigkeit eines Menschen und seine psychische Gesundheit beurteilt werden.

Wenn der Tarot As der Kelche gibt, will er darauf hinweisen, daß das hinterfragte Problem mit der Energie der Gefühle und Emotionen angegangen werden soll. Nicht nüchternes, verstandesmäßiges Denken und auch nicht intuitive Eingebungen werden uns den Weg zur Lösung zeigen, sondern wir werden nur weiterkommen, wenn wir erspüren und erlauschen, was unser Gefühl uns sagt. Auch wenn eine sachliche, kritische Analyse der hinterfragten Situation vielleicht ein Ja ergibt, kann irgend etwas in unserem Gefühl ohne logische Begründung »Nein« sagen. As der Kelche weist uns an, auf diese Gefühle zu achten, sie ernstzunehmen und entsprechend zu handeln.

As der Kelche kann nicht nur auf das Vorhandensein von Gefühlen hinweisen, sondern auch dazu auffordern, diese Gefühle auszudrücken und als Mittel zur Kommunikation einzusetzen.

Fragen, die nach dem Ziehen dieser Karte zu stellen sind:

Will mich der Tarot mit As der Kelche darauf hinweisen, daß bei der Lösung des hinterfragten Problems meine Gefühle und Emotionen eine wichtige Rolle spielen?

Will mich der Tarot mit As der Kelche darauf hinweisen, auf meine Gefühle zu achten?

Zwei der Kelche

Schlüsselbegriff:
Liebe

Liebe ist ein Allerweltswort. Welche Vorstellungen, Sehnsüchte und Erwartungen packen wir nicht alle in dieses einzige Wort! Darum ist es wichtig, den Begriff ein- und abzugrenzen und zu begreifen, was Zwei der Kelche unter Liebe versteht.

Liebe ist immer auch ein Wagnis, ein Risiko, das mit Gelingen oder Mißlingen verbunden ist. Wäre das nicht so, gäbe es keine Liebe, sondern nur ein berechenbares Funktionieren. Wer liebt, kommt immer einmal in die Situation eines Menschen, der im Schwimmbad auf der Zehn-Meter-Plattform des Sprungturms steht und sich entscheiden muß zwischen dem Sprung in die Tiefe oder dem Weg zurück, über die Leiter hinab, von der Höhe auf den sicheren Boden.

Wer von der Höhe des Zehn-Meter-Turms in die Tiefe springt, ohne schwimmen gelernt, ohne sich also sorgfältig auf sein Vorhaben vorbereitet zu haben, handelt unüberlegt und darf froh sein, wenn er mit dem Leben und einigen Verletzungen davonkommt. Liebe bedarf der sorgfältigen Annäherung, gerade weil sie so sehr mit Risiko verbunden ist. Annäherung, das sorgfältige Aufeinanderzugehen, das erste Erspüren einer Begegnung ist ein wichtiger Aspekt, der durch Zwei der Kelche ausgedrückt wird. Wir können uns diese Annäherung bildlich vorstellen als zwei Menschen, jeder mit einem gefüllten Kelch in der Hand, die aufeinander zugehen, bereit zur Begegnung. Der Inhalt der

Kelche ist das Wesen, die innerste Essenz des betreffenden Menschen. Und zwischen den beiden Menschen steht die bange Frage: »Was wird geschehen, wenn sich der Inhalt meines Kelchs mit dem Inhalt des deinen vermischt? Welcher Art wird die alchemistische Reaktion sein, in welcher Art wird dadurch mein Wesen berührt und verwandelt?«

Diese Fragen können im Grunde nicht ernst genug genommen werden, und dennoch werden sie im Bann der ersten Attraktion so leicht übergangen und als belanglos abgetan. Je eher diese Fragen gestellt und womöglich beantwortet werden, um so mehr Chance zum Gelingen hat die Liebe.

Das Geheimnis der Liebe liegt in der Bejahung, im Akzeptieren. Dabei ist zu beachten, daß Akzeptieren weder mit Gutheißen noch mit In-Kauf-Nehmen gleichzusetzen ist, sondern es um das zunächst wertfreie Akzeptieren geht, darum, daß etwas oder jemand so ist, wie es oder er ist. Wenn dann zwei Menschen den Inhalt ihrer Kelche miteinander vermischen, wird diese Mischung zur Prima Materia ihrer Beziehung, ganz gleich, was jeder der beiden dazu beigetragen hat. Sie stellt einen Ausgangspunkt dar, einen Rohstoff, der nun bearbeitet, entwickelt, transmutiert werden kann, bis im höchsten Falle sich daraus der Rote Löwe erhebt, der die Verwandlung des Gewöhnlichen ins Edle ermöglicht – die Transmutation der Prima Materia zum Gold der Liebe.

Zwei der Kelche ist überall gültig, handle es sich nun um Liebe von Mann zu Frau, von Mann zu Mann, von Frau zu Frau, von Eltern zu Kindern oder unter Geschwistern. Überall dort, wo Menschen in der Situation der Nähe aufeinandertreffen und den Weg zum Zusammenfinden suchen, ist Zwei der Kelche gültig.

Es kann natürlich auch vorkommen, daß die Karte Zwei der Kelche in Situationen gegeben wird, die nicht unbedingt mit menschlichen Beziehungen verknüpft sind. In diesem Falle muß das hier Gesagte in die betreffende Situation übertragen werden, in welcher es um Begegnung, Annäherung, Vertrautwerden, Bejahen und Akzeptieren im erwähnten Sinne gehen wird.

Fragen, die nach dem Ziehen dieser Karte zu stellen sind:

Will mich Zwei der Kelche darauf aufmerksam machen, daß ich mit einer Situation von Begegnung, Nähe und daraus folgend Liebe konfrontiert bin?

Will mich Zwei der Kelche darauf aufmerksam machen, daß ich mit einer Situation konfrontiert bin, die mein Engagement und meine Risikobereitschaft erfordert und die, wenn ich mich darauf einlasse, zu einem Kraftquell werden kann?

Drei der Kelche

Schlüsselbegriffe:
Überfließen, Überfluß, Orgasmus

Das Universum ist Kraft, die sich als Energie manifestiert. Dieser Satz ist wahrscheinlich auf Anhieb nicht leicht zu verstehen und bedarf deshalb der Erläuterung.

Der Begriff »Kraft« hat sehr viel zu tun mit dem Anspannen der Muskeln (auch das Wort »Krampf« ist sprachlich verwandt mit Kraft). Muskeln, die angespannt sind, befinden sich in Bereitschaft, eingesetzt zu werden. Sobald die Kraft zur Anwendung kommt, kann man von Energie als einem dynamischen Prozeß reden, der durch das Fließen der Kraft in Gang gesetzt wird (griechisch *energeia* = die wirkende Kraft). Oder mit der Bilderwelt des Tarot ausgedrückt: Kraft ist vergleichbar mit einem so randvoll gefüllten Kelch, für den die kleinste Erschütterung oder Bewegung genügt, um ihn überfließen zu lassen. Damit wird ein Vorgang ausgelöst, der als energetischer Prozeß bezeichnet werden kann.

Makrokosmisch gesehen ist das Universum von einer Kraft durchdrungen, die man als göttlich bezeichnen kann. Diese Kraft ist ständig einer Wechselwirkung ausgesetzt, die sie als wirkende Energie zur Auslösung gelangen läßt. Nach dem Gesetz »wie oben so unten« zeigt sich die gleiche Situation bis in den engeren menschlichen Bereich. So kann etwa Schwangerschaft als Ausdruck der Kraft ge sehen werden, während der Geburtsvorgang der Umsetzung dieser Kraft in einen energetischen Vorgang gleichzusetzen wäre.

In »unheilschwangeren« oder »gefühlsträchtigen« Situationen ist Drei der Kelche als Auslösung aktuell. Kurz vor einem hochsommerlichen Gewitter, wenn die ganze Atmosphäre maximal spannungsgeladen ist, tritt Drei der Kelche dann als der erste Blitz, das erste Donnergrollen, die ersten Regentropfen auf. Der Tropfen, der nach der gängigen Redensart das Faß zum Überlaufen bringt, ist ebenfalls Drei der Kelche.

Hat ein Überfließen stattgefunden, ist als Resultat Überfluß vorhanden. Auch dieser in jedem Bereich resultierende Überfluß fällt in den Bedeutungsbereich von Drei der Kelche.

In diesen gehört auch der Orgasmus. Das Wort darf nicht nur in seiner engeren sexuellen Bedeutung verstanden werden. Griechisch *orgo* heißt »brünstig sein« und entspricht somit dem, was hier mit dem Vorhandensein von Kraft bezeichnet wird. Daraus leitet sich dann das Wort *orgasmos* ab, dessen Übersetzung »von Saft und Kraft strotzend« ist, so strotzend, daß die Ausstrahlung dieses »Saft und Kraft« nach allen Seiten hin als energetische Auswirkung wahrnehmbar ist und entsprechende Resultate zur Folge hat.

Zusammenfassend kann gesagt werden, daß Drei der Kelche alle energetischen Vorgänge erfaßt, die sich aus irgendwelchen kraftträchtigen Situationen durch Auslösung ergeben und entwickeln, sowie die Auswirkungen und Resultate, die sich aus diesem dynamischen Geschehen heraus als neue Situation ergeben.

Fragen, die nach dem Ziehen dieser Karte zu stellen sind:

Bin ich in bezug auf meine hinterfragte Situation in ein dynamisches Geschehen verwickelt, das sich aus einem sich lange im voraus aufzubauenden Kraftfeld ergibt?

Bin ich mit einem Kraftfeld konfrontiert, das einem bis zum Rand gefüllten Kelch entspricht, und ist es meine vom Tarot gestellte Aufgabe, dieses Kraftfeld durch meine Einwirkung zum Fließen und Überfließen zu bringen?

Ist die Situation, mit der ich konfrontiert bin, das Resultat eines solchen dynamischen Überfließens und zeigt sie sich nun als Überfluß oder Überflutung in irgendeiner Weise?

Beachte den Unterschied zu Neun der Stäbe:

Neun der Stäbe legt den Akzent auf das Kraftfeld, das zwar als Potential vorhanden ist, dessen energetische Auslösung aber blockiert ist oder verhindert wird.

Drei der Kelche legt den Akzent auf die Auslösung eines Kraftfeldes. Das Kraftfeld ist da und wartet nur darauf, sich durch irgendeine Einwirkung als dynamisches Geschehen zu zeigen. Dieses dynamische Geschehen und nicht das ihm zugrundeliegende Kraftfeld ist Inhalt von Drei der Kelche.

Vier der Kelche

Schlüsselbegriff:
Scheinbar zuwenig

Ja, wenn ich mehr Geld hätte ... Ja, wenn mir mehr Zeit zur Verfügung stehen würde ... Wenn dies oder jenes der Fall wäre, ja dann ... Wer kennt nicht solche Aussprüche entweder vom Hören oder Selbersagen? Die Lösung eines Problems, die Erreichung eines bestimmten Zieles werden von bestimmten Dingen abhängig gemacht, die eben gerade im Moment fehlen oder grundsätzlich nicht vorhanden sind. Dieses Fehlen dient oft als Entschuldigung dafür, etwas nicht tun zu können, vorgesteckte Ziele nicht erreicht zu haben. In den meisten Fällen sind es nicht Faulheit oder grundlose Ausreden, die uns zu solcher Argumentation greifen lassen. Wir sind meist ehrlich davon überzeugt, daß es sich so verhält, und vermögen deshalb uns selbst und auch unsere Umgebung davon zu überzeugen. Deshalb bleibt denn auch meist alles, wie es ist, und eine dringend notwendige Veränderung oder Entwicklung findet nicht statt.

Wenn der Tarot bei der Hinterfragung eines Problems Vier der Kelche gibt, dann will er uns darauf aufmerksam machen, daß eigentlich alles, was wir zur Lösung eines Problems benötigen, vorhanden ist und uns zur Verfügung steht. Was uns fehlt, ist die Perspektive, unser Merken, daß es sich so verhält. Sehr oft gehen wir ein Problem wie mit Scheuklappen versehen an, welche uns die Sicht auf wichtige Dinge versperren. Vier der Kelche ist eine Aufforderung, diese Scheuklappen abzulegen oder den Kopf etwas zu wenden, damit unsere Sicht wieder breiter wird. Dann können wir erkennen, daß eigentlich alles vorhanden ist, was wir zum erfolgreichen Lösen des Problems benötigen, und daß Resignation fehl am Platz ist.

Die Frage, die nach dem Ziehen dieser Karte zu stellen ist:
Will mich der Tarot mit Vier der Kelche darauf aufmerksam machen, daß ich fälschlich meine, zur Verwirklichung meiner Absichten und Pläne *zuwenig* zur Verfügung zu haben, sondern daß im Gegenteil alles, was ich brauche, genügend vorhanden ist, und daß ich nur meine Sichtweise verändern muß, um dies erkennen zu können?

Beachte den Unterschied zu Fünf der Münzen:
Fünf der Münzen weist auf ein reales Zuwenig hin: Das uns Fehlende fehlt wirklich, während bei Vier der Kelche das Zuwenig nur in unserer Vorstellung oder eingeschränkten Sichtweise besteht und in Wirklichkeit genug vorhanden ist.

Fünf der Kelche

Schlüsselbegriff: Reinigung
Erfahrungsmöglichkeiten:
Trauer, Loslassen lernen, Befreiung, Erleichterung

Reinigen heißt, etwas von einem Ort entfernen, an den es nicht hingehört, wo es fehl am Platze ist. Das spricht nicht *gegen* dieses »Etwas«, welches durchaus wertfrei gesehen werden kann und seine negativen Auswirkungen nur durch den Umstand erhält, daß es dort, wo es sich im Moment befindet, fehl am Platze ist. Staub oder Erde, die sich auf einer Fensterscheibe festgesetzt haben, sind nicht schlecht oder gar böse, aber sie verursachen durch ihr Vorhandensein auf der Fensterscheibe, daß diese getrübt ist. Dadurch wird die freie Sicht oder der freie Lichteinfall vermindert, und wir werden davon abgehalten, das Leben klar zu betrachten und die nötigen Schlußfolgerungen zu ziehen. Der gleiche Staub und die gleichen Erdkrümel sind auf der Erde, dem bearbeiteten Acker, die Voraussetzung dafür, daß darauf Pflanzen keimen, wachsen und reifen können, kurz – Fruchtbarkeit geschehen kann. Aber fruchtbare Erde wird am falschen Ort zu Schmutz, sitzt fest, und seine Entfernung erfordert in der Regel ein entschlossenes, zielbewußtes und auch kraftvolles Handeln. Dieses Handeln ist für uns meist selbstverständlich, wenn die Verschmutzung plötzlich und heftig erfolgt, wenn sich zum Beispiel ein Glas Rotwein über unsere Kleider ergießt. Aber wenn die Verschmutzung ganz langsam und allmählich erfolgt, besteht unsere Reaktion meist darin, uns an sie zu gewöhnen – was bedeutet, die Verschmutzung als einen Teil unseres Lebens zu akzeptieren, weil wir sie nicht als Verschmutzung erkennen. Erst wenn sie ein fortgeschrittenes Stadium erreicht hat, dämmert uns, daß etwas nicht mehr stimmt, was aber noch lange nicht bedeutet, daß wir den Grund unseres Unbehagens – die Verschmutzung – sofort erkennen. Doch wenn diese uns dann bewußt geworden ist, finden wir in der Reinigung das beste Mittel, um uns davon zu befreien und den vorherigen reinen Zustand wieder herzustellen.

Reinigung braucht bei schon lange bestehender Verschmutzung einen manchmal erheblichen Energieaufwand, den wir nicht immer als angenehm empfinden. Wenn Verschmutzung unmerklich eintritt und wir dazu neigen, sie zu einem Teil unserer selbst zu machen, dann trifft uns der unvermeidliche Reinigungsprozeß um so schmerzlicher.

Aber es kann auch sein, daß wir hartnäckig an etwas festhalten, das nicht zu uns gehört, obwohl wir darunter leiden oder sogar heftig dagegen rebellieren. Wir halten daran fest, weil wir davon einen vermeintlichen oder auch echten Vorteil haben, der uns mehr bedeutet als das damit verknüpfte Leiden. Wir wehren uns besonders hartnäckig und oft auch erfolgreich gegen den notwendigen Reinigungsprozeß, weil wir instinktiv spüren, daß wir dabei einen Vorteil hergeben würden, den wir um keinen Preis missen wollen – auch wenn wir uns zumeist über die Natur des Vorteils im unklaren sind, da er tief im Unbewußten verborgen liegt.

In einem solchen Fall, oder auch, wenn der Verdacht dazu vorliegt, wird die totale Hingabe an den Reinigungsprozeß besonders wichtig, selbst wenn er mit Trauer und Schmerz verbunden ist. Solange die Fünf Kelche mit Blut, Tränen oder mancherlei Unrat gefüllt sind, vermögen sie nicht Neues aufzunehmen, und Schmutzreste können, wenn die Reinigung nicht sorgfältig genug erfolgt, den neuen Inhalt nach und nach wieder vergiften und in Schmutz verwandeln.

Ein weiterer Aspekt ist zu beachten: Wenn eine Fensterscheibe verschmutzt ist, kann die ursprüngliche Helligkeit auch wiederhergestellt werden, indem man die Scheibe zertrümmert und den Schmutz mitsamt den Glasscherben entfernt. Das Licht ist zwar dann da, aber gleichzeitig auch die Kälte. Der Raum verliert seinen Schutz gegen die Witterungseinflüsse. Daraus folgt, daß jede Reinigung sorgfältig daraufhin überprüft werden muß, ob sie nicht im Affekt und rein impulsiv erfolgt und wir so Gefahr laufen, mehr zu zerstören und zu verlieren als zu gewinnen.

Fragen, die nach dem Ziehen dieser Karte zu stellen sind:

Was gibt es in meinem Leben, wovon ich mich reinigen will, das ich loslassen will, damit Platz für das Neue entstehen kann?

Welchen Vorteil muß ich möglicherweise loslassen, der mir vielleicht einmal nützlich und hilfreich war, jetzt aber längst zum Schmutz- und Staubfänger geworden ist?

Sechs der Kelche

Schlüsselbegriff:
(Wiedergefundene) Freude

Wie alle Sechsen im Tarot drückt auch Sechs der Kelche einen Zustand des Ausgleichs und der Ausgewogenheit aus. Bei Sechs der Kelche zeigt sich dieser ausgewogene Zustand im Bereich unserer Gefühle und Emotionen, als *Freude.*

Erleben wir Freude, so stimmen für uns die Welt oder die Situation so, wie sie gerade sind. Wir haben keine Wünsche an das Leben – außer dem einen, daß dieser Zustand ewig oder doch möglichst lange andauern möge. Gesundheit (Heilsein) und Lust ist der Zustand, der in einem ausgewogenen ganzheitlichen Kosmos vorherrscht (vergleiche XXI Die Welt), und Freude ist das Gefühl, womit wir diesen ausgewogenen Zustand erfahren und zum Ausdruck bringen.

Gefühle sind die Energie, mit welcher wir auf die Einflüsse unserer Umwelt reagieren. Gerade weil Gefühle Reaktionen darauf sind, wie wir unsere Umwelt erfahren, sind sie keine zuverlässigen Kriterien oder Gradmesser für die Realität oder Echtheit der Situation, durch die sie hervorgerufen werden. Erfahrungen sind stets subjektiv, und nicht alle Menschen reagieren in ein und derselben Situation in der gleichen Weise, was das Sprichwort »des einen Freud', des andern Leid« zum Ausdruck bringt. So kann es eine echte, begründete Freude geben, aber auch eine falsche Freude, die auf falsch eingeschätzten Tatsachen und auf Kosten anderer entstanden ist oder die Dinge aus einer verzerrten Perspektive heraus betrachtet, wie etwa die Schadenfreude.

Die Karte Sechs der Kelche erscheint in der Tarot-Befragung vorwiegend dann, wenn gerade keine Freude vorhanden ist, sogar vielleicht Leid und Schmerz vorherrschen. Das Erscheinen dieser Karte wirkt dann auf den Fragenden oft paradox, ja geradezu wie Hohn.

Aber ganz abgesehen von unseren gegenwärtigen Gefühlen ist das Erscheinen von Sechs der Kelche in schwierigen und leidvollen Situationen logisch und konsequent. So wie in einem Zustand, in welchem sich die Welt in Ordnung befindet, Freude angebracht ist, weisen Leid und Schmerz auf Unausgewogenheit und Störung der natürlichen Balance hin. Da wie erwähnt, alle Sechsen einen ausgewogenen, harmonischen Zustand ausdrücken, ist in diesem Falle das Erscheinen der Karte Sechs der Kelche als Aufforderung zu verstehen, diesen balancierten Zustand anzustreben und gefühlsmäßig zu erleben und auszudrücken.

Ferner kann Sechs der Kelche darauf hinweisen, daß unsere momentane Situation an sich stimmt und Grund zur Freude bedeuten würde, daß wir diesen Zustand jedoch von einem unausgewogenen, falschen Standpunkt aus betrachten und dementsprechend nicht zu den passenden Gefühlsreaktionen fähig sind.

In beiden Fällen ist die Aussage von Sechs der Kelche als Aufforderung zu einem bewußten Entwicklungs- und Bewußtseinsprozeß zu verstehen, der sich in den wenigsten Fällen leicht und schnell bewältigen läßt. Dieser durchlebte Prozeß findet seinen Ausdruck in dem dem Schlüsselbegriff vorangestellten Wort »wiedergefunden«.

Fragen, die nach dem Ziehen dieser Karte zu stellen sind:

Will mich Sechs der Kelche dazu auffordern, auf meine hinterfragte Problemsituation so einzuwirken, daß ich meine verlorene Freude wiederfinde und in Balance und Harmonie komme?

Will mich Sechs der Kelche darauf hinweisen, daß der Grund für mein Unbehagen darin liegt, daß ich etwas, das an und für sich stimmt, aus einem falschen oder reduzierten Blickwinkel heraus betrachte und daß – falls ich den Weg zur richtigen Perspektive finde – ich auch meine verlorene Freude wiederfinden kann?

Sieben der Kelche

Schlüsselbegriffe:
Imagination, Illusion, Inspiration

Jeder Mensch hat mehr oder weniger die Fähigkeit, vor seinem inneren Auge Bilder entstehen zu lassen. Diesen Vorgang nennt man Imagination. Das Wort *Imagination* ist gebildet aus den beiden lateinischen Wörtern *imago* = »Bild« und *imitari* = »nachahmen«. Durch diese Wortbildung wird deutlich zum Ausdruck gebracht, daß Imagination mit der sinnlich-faßbaren Realität nichts oder nicht viel zu tun hat. Und wie der Sprachgebrauch zeigt, haben »Einbildung« oder »einbilden« vorwiegend eine negative, abschätzige Bedeutung. Dem Begriff »Einbildung« wird zugeordnet, was für wahr gehalten, als Tatsache ausgegeben und als Behauptung aufgestellt wird, ohne daß diese bezüglich der sogenannten Realität überprüft wird.

Der Tarot versteht Imagination in einer sehr viel differenzierteren Weise als der allgemeine Sprachgebrauch. Dieser Umstand macht Sieben der Kelche zu einer der schwierigeren Karten des Tarot, was die zutreffende Interpretation und die praktische Umsetzung der in der Karte enthaltenen Energie betrifft.

Imagination – also Einbildung – ist für den Tarot nichts ausschließlich Negatives. In den archaischen Zeiten, in denen der Tarot entstand, wurde der Begriff »Realität« in einem viel umfassenderen Sinne verstanden als heute: Zur Realität gehörte nicht nur das mit den fünf Sinnen Wahrnehmbare, sondern es wurde auch die Existenz einer Realität anerkannt, die nicht mit den Kriterien der materiellen Realität zu erfassen ist.

Um diesen weiteren Realitätsbegriff verstehen zu lernen, bedienen wir uns des nächtlichen Traums als Beispiel. Nehmen wir an, jemand träumt, einen mit Goldstücken gefüllten Sack zu finden. Solange sich der Träumer im Schlafzustand befindet, erlebt er seinen Traum als materielle Realität, und es kann durchaus sein, daß er sich über seinen Fund freut und sich ausmalt, was er alles mit dem Gold anfangen kann. Beim Erwachen merkt der Träumer, daß der Sack voller Goldstücke als Gegenstand auf der andern Realitätsebene geblieben ist und in der Tagesrealität nur noch als Bild und Symbol weiterexistiert. Meint der Träumer, der Sack voller Goldstücke gehöre zur Tagesrealität und sucht er sogar nach ihm, ist er einer Illusion verfallen, einem Trugbild. Dieses narrt ihn, solange er den Versuch unternimmt, es als in der materiellen Realität existierend zu behandeln. In diesem Sinne warnt Sieben der Kelche davor, uns betreffend des Problems, das wir mit Hilfe des Tarot hinterfragen, Illusionen zu machen oder uns unbegründeten Wunschvorstellungen hinzugeben.

Die Bilder, die in unseren Träumen und in unseren Imaginationen, also auf der erweiterten Realitätsebene entstehen, senden aber eine bestimmte Energie aus, die ihren Einfluß auf die Tagesrealität ausüben kann. Die ganze Traumarbeit der modernen Tiefenpsychologie basiert auf diesem Umstand. So kann uns Sieben der Kelche durchaus dazu anhalten, auf unsere Träume zu achten – obgleich dies erfahrungsgemäß nicht so häufig der Fall ist, daß sich das Wort »Traum« als weiterer Schlüsselbegriff aufdrängen würde. Die Bilder der anderen Realitätsebene und ihre Energien können aber auch in Form von Inspiration eine wichtige Bedeutung erhalten. Viele Dinge entstehen, bevor sie ihre Gestalt auf der materiellen Ebene finden, zuerst auf der Ebene der Imagination. Dies gilt namentlich für Kunstwerke, Dichtungen und Musik, hat aber Gültigkeit für alles, was mit Kreativität verbunden ist. In diesem Falle fordert uns Sieben der Kelche dazu auf, das Problem, das wir mit Hilfe des Tarot hinterfragen, zuerst im Bereiche der Imagination zu behandeln und uns von dieser Ebene her inspirieren zu lassen.

Fragen, die nach dem Ziehen dieser Karte zu stellen sind:

Will mich Sieben der Kelche in bezug auf mein Problem davor warnen, mich Illusionen oder einem fatalen Wunschdenken hinzugeben?

Will mich Sieben der Kelche dazu anhalten, für die Lösung meines hinterfragten Problems die Möglichkeiten der Imagination zu nutzen?

Acht der Kelche

Schlüsselbegriff:
Loslassen

Stellen wir uns folgende Situation vor: Ein Bankier gewährt einem Bauunternehmer einen erheblichen Kredit, um ein umfangreiches Projekt zu realisieren. Nach einiger Zeit kommt der Unternehmer wieder zum Bankier und bittet um einen weiteren Kredit. Die Gründe, die der Unternehmer dafür anbringt, klingen vernünftig und plausibel, so daß der Bankier ihm auch diesen Kredit gewährt. Als aber der Unternehmer ihn um weiteren Kredit ersucht, wird der Bankier nachdenklich. Er überlegt sich: Wenn er diesen dritten Kredit nicht gewährt, macht der Unternehmer voraussichtlich Bankrott, und das bisher investierte Kapital ist verloren, ein Verlust, den der Bankier zur Not verkraften könnte. Wenn er diesen Kredit gewährt in der Hoffnung, das Projekt und damit auch sein investiertes Kapital zu retten und der Unternehmer dennoch in den Bankrott geht, wird er, der Bankier, in den Strudel des Konkurses mit hineingerissen. Er entscheidet sich somit zur Schadensbegrenzung und gewährt den Kredit nicht.

Acht der Kelche weist darauf hin, daß wir etwas loslassen müssen, in das wir möglicherweise viel investiert haben, seien es Geld oder sonstige materiellen Güter, aber auch Zeit, Geduld, Energie, Hoffnung, Gefühle und Liebe. Das Loslassen, welches Acht der Kelche meint, ist also immer mit einem Verlust verbunden. Wir werden aufgefordert, *rechtzeitig* loszulassen, bevor der dabei entstehende Verlust uns im Lebenskern trifft. Das ist meist hart, aber dennoch notwendig.

Acht der Kelche kann uns somit auch auf einen Neuanfang hinweisen, unter der Bedingung, daß wir Altes, in das wir bisher viel Energie investiert haben, loslassen.

Fragen, die nach dem Ziehen dieser Karte zu stellen sind:

Will mich Acht der Kelche darauf aufmerksam machen, daß ich im Begriff bin, mich in etwas zu verlieren, das mir gefährlich werden könnte, und will mich die Karte auffordern, rechtzeitig loszulassen, bevor der Schaden zu groß geworden ist?

Will mich Acht der Kelche auf die Notwendigkeit oder Möglichkeit eines Neuanfangs hinweisen, der aber nur zu realisieren ist um den Preis, etwas loszulassen, hinter mir zu lassen, in das ich bereits viel Energie investiert habe?

Beachte den Unterschied zu folgenden Karten:

Bei Fünf der Kelche bedeutet loslassen aktive Reinigung. Was stort, was in unserem Leben einen falschen Platz einnimmt, muß durch eigenes Bemühen daraus entfernt werden.

Bei Drei der Stäbe geht es um die Verwurzelung, die den Aspekt der Geborgenheit und Sicherheit in unserem Leben darstellen kann. Trotzdem ist es manchmal notwendig, diese positive Verwurzelung loszulassen oder zumindest in Frage zu stellen, damit die Möglichkeit besteht, in Bewegung zu kommen und sich neuen und anderen Erfahrungen zu stellen. Damit liegt der Akzent auf Aufbruch und nicht auf Beendung wie bei Acht der Kelche.

Neun der Kelche

Schlüsselbegriffe:
Sinnenhafte Erfüllung,
materieller Genuß

Die menschliche Existenz ist an die materielle Ebene gebunden. Deshalb ist der Mensch auf seine körperlichen Sinne angewiesen, um sich auf dieser materiellen Ebene zu orientieren und entsprechend dieser materiellen Ebene zu leben. Das Wort »Materie« leitet sich vom lateinischen Wort *mater* = die Mutter ab, und Mütterlichkeit ist ein gut gewählter Ausdruck, um die Grundbedingungen menschlicher Existenz auf der materiellen Ebene auszudrücken.

Materie beinhaltet sowohl Möglichkeiten als auch Begrenzungen. Dazwischen bewegt sich auch die Aufgabe der Mutter, die einem Kind ermöglichen soll, sich später selber in der Welt zurechtzufinden. Sie setzt ihm dort Grenzen, wo die Gefahr besteht, daß sein Wohlbefinden und seine Unversehrtheit beeinträchtigt werden könnten.

Solange das Kind noch nicht zur verbalen Kommunikation imstande ist, erfährt es die mütterlichen Möglichkeiten der Zuwendung, Geborgenheit und Liebe vorwiegend über den direkten, sinnenhaften Kontakt.

In diesem Zusammenhang muß sehr deutlich auf den Unterschied zwischen den Begriffen »sinnlich« und »sinnenhaft« hingewiesen werden. In unserem Sprachgebrauch wird das Wort »sinnlich« vor allem für den sexuellen Bereich verwendet. Sinnenhaft hat eine viel weitere und umfassendere Bedeutung, die alle fünf Sinne umschließt: Sehen, Hören, Riechen, Fühlen, Schmecken, und so ist der Begriff sinnenhaft, womit die Energie von Neun der Kelche umschrieben wird, auch zu verstehen.

Einer spaßigen Redensart zufolge gibt es in Europa zwei bedeutende Festspiele: im Sommer die Salzburger Festspiele für die obere Hälfte des Menschen und im Herbst das Münchner Oktoberfest für die untere Hälfte des Menschen. Neun der Kelche bietet Platz für beide Hälften. Die Karte weist ganz deutlich auf beide Bereiche als Möglichkeiten, die materielle Ebene als angenehm und wohltuend zu erfahren.

Viele Menschen, gerade wenn sie seriöse spirituelle Ansprüche stellen und erfüllen wollen, neigen dazu, die materielle Ebene vor allem aus der Perspektive der Begrenzung und Einengung her zu betrachten. Hier setzt Neun der Kelche zur Korrektur an, indem diese Karte diejenigen Möglichkeiten betont, welche uns von der materiellen Existenz her ebenfalls zur Verfügung stehen: Kunstbetrachtung, Musikgenuß, gutes Essen und ein edler Tropfen Wein, geselliges Beisammensein. Auch Erotik und Sexualität werden von dieser Karte erfaßt. Sie ist eine Aufforderung, uns diesen Möglichkeiten nicht zu verschließen, ja, sie gegebenenfalls auch bewußt zu leben und zu genießen.

Das Wesen des Kosmos ist Ausgewogenheit, Gleichgewicht. Allzu einseitige Spiritualität, womöglich noch verbunden mit Askese, ist genauso unharmonisch wie die Betonung der materiellen Aspekte des Lebens. Hier wird Neun der Kelche zur notwendigen Korrektur und Ausbalancierung auffordern.

Die Frage, die nach dem Ziehen dieser Karte zu stellen ist:

Will mich Neun der Kelche darauf hinweisen, daß ich meine materielle Existenz zu einseitig und begrenzt, vielleicht sogar zu asketisch lebe, und mich zur notwendigen Ausbalancierung auffordern, auch die schönen und angenehmen Seiten der materiellen Ebene bewußt zu leben und zu erfahren?

Zehn der Kelche

Schlüsselbegriffe:
Materialisation der Gefühle und Emotionen, Widerspiegelung

Die Karte Zehn der Kelche beinhaltet das physikalische Gesetz, daß Energie und Materie Ausdruck ein und desselben sind. Man kann Materie in Energie umwandeln, wie etwa Kohle durch Verbrennen Energie in Form von Wärme abgibt, die ihrerseits genutzt werden kann, um Materie zu produzieren oder zu verändern.

Zehn der Kelche sagt aus, daß die Energie unserer Gefühle und Emotionen dazu neigt oder drängt, sich zu materialisieren. Die Energie der Liebe kann sich in Form von Zärtlichkeit materialisieren oder in größerem Rahmen beispielsweise als Ehe und Gründung einer Familie. Andererseits können sich negative Emotionen wie Haß und Wut in absichtlich oder unabsichtlich, tätlich oder verbal zugefügten Verletzungen materialisieren, mit allen Folgen, die daraus hervorgehen.

Gefühle und Emotionen sind nicht, wie manche psychologischen Richtungen behaupten, *a priori* richtig und gut, selbst für den Fall, daß sie echt sind. Gefühle und Emotionen sind immer subjektiv und entstehen meistens als mehr oder weniger spontane Reaktionen auf Impulse und Eindrücke, die von außen her an uns gelangen. Da es so bei der Aufnahme und Verarbeitung von äußeren Eindrücken und Impulsen zu Mißverständnissen kommen kann, ist es durchaus möglich, daß unsere Reaktion nicht der tatsächlich vorhandenen Realität und die daraus hervorgehende Materialisation unserer Gefühle und Emotionen nicht der äußeren Situation entsprechen, was zu fatalen Resultaten und Verwicklungen führen kann. Gefühle und Emotionen sind genauso konditionierbar und manipulierbar wie Gedanken und Überzeugungen, und deshalb sind sie vom Verstand her immer wieder auf ihre Richtigkeit und Angemessenheit hin zu überprüfen. Dies beugt einer falschen Materialisation vor.

Es ist zu beachten, daß die Karte Zehn der Kelche den Akzent nicht auf die Gefühle und Emotionen an sich legt, sondern auf deren Materialisationen. Wenn Gefühle und Emotionen unterdrückt oder verdrängt werden, sind sie zwar vorhanden, aber es muß nicht zwangsläufig zu einer äußerlichen Materialisation kommen.

Materialisation von Gefühlen und Emotionen zeigt sich uns meist in Form von *Widerspiegelung* oder Projektion. Wie man in den Wald hineinruft, so tönt es zurück. Wo Haß gegeben wird, schlägt Haß zurück. Es kann also durchaus sein, daß wir die Außenwelt *so* erleben und erfahren, wie die Gefühle und Emotionen beschaffen sind, die wir nach außen hin abstrahlen. Schon deshalb ist es wichtig, daß wir in Situationen, in welchen der Tarot uns Zehn der Kelche gibt, unsere Gefühle und Emotionen überprüfen, ihre Energie im positiven Falle womöglich verstärken oder andernfalls soweit als möglich zurückziehen.

Zehn der Kelche will uns also sagen: Mit deinem Problem verbunden ist eine Situation, in der deine Gefühle und Emotionen besonders zur Materialisation neigen. Das bedeutet nicht, daß du keine Gefühle und Emotionen haben darfst. Es ist aber von Vorteil, sie auf ihre Richtigkeit und Angemessenheit hin zu überprüfen, um falsche Materialisationen nach Möglichkeit zu vermeiden.

Fragen, die nach dem Ziehen dieser Karte zu stellen sind:

Will mich Zehn der Kelche dazu auffordern, meine Gefühle und Emotionen auf ihre Richtigkeit und Angemessenheit hin zu überprüfen, bevor ich sie in die Außenwelt hineinwirken lasse, da ich mich in einer Situation befinde, in der sie sich leicht materialisieren?

Will mich Zehn der Kelche darauf hinweisen, daß das,

was ich in meiner Lage als unangenehm oder gar feindselig empfinde, im Grunde nur Emotionen sind, die sich mir widerspiegeln?

Beachte den Unterschied zu Sieben der Stäbe:
Sieben der Stäbe sieht den Grund des mangelnden Realitätsbewußtseins oder der Projektion in einem falschen *Denken.*
Zehn der Kelche legt den Akzent auf die *Gefühle und Emotionen.*

As der Schwerter

Schlüsselbegriffe:
Ur-Luft, Ordnung, Geist, Intellekt

Das Element Luft bezeichnet eine Energie, die durch ihre Einwirkung, also von außen her, ein Objekt bewegt. Daß in archaischen Zeiten das Symbolbild der Luft zur Darstellung dieser Elementarenergie gewählt wurde, hängt wohl damit zusammen, daß Luft als Stoff mit den Augen nicht wahrzunehmen ist und das Vorhandensein von Wind nur durch die *Bewegung* des dem Wind Ausgesetzten (Blätter, Rauch, Wellen und so weiter) festgestellt werden kann.

Jedes Objekt, dessen Position durch eine energetische Einwirkung von außen her bewegt oder verändert wird, wird dadurch in eine ganz bestimmte *Ordnung* gebracht. Deshalb hat die Luftenergie mit Ordnung schaffen, aufbauen und Ordnung halten zu tun.

Um das Bildsymbol Schwert in diesem Zusammenhang besser verstehen zu können, stelle man sich das Schwert in seiner Funktion als Messer vor. Mit einem Messer kann man Objekte so zuschneiden, daß sie einer beabsichtigten Ordnung entsprechen. Eine Torte etwa kann mit einem Messer in so viele Teile geordnet werden, als Personen vorhanden sind.

In menschlichen Belangen ist Ordnung immer mit Bewußtheit verbunden – oder sollte es jedenfalls sein. Das kann die banalsten Umstände unseres Lebens betreffen. Wir begegnen diesem Druck zur Ordnung schon dann, wenn es beispielsweise darum geht, den chaotischen Zustand unserer

Küche nach einer wild durchfeierten Partynacht wieder in den vorhergehenden Zustand, in die ursprüngliche Ordnung zurückzubringen. Die Objekte, in diesem Falle Gläser, Teller und ähnliches, müssen nun durch Energieeinwirkungen von außen wieder an den ihnen zugeordneten Platz gebracht werden. Ist dieser Vorgang abgeschlossen, herrscht wieder Ordnung. Es ist dies die Ordnung, die wir uns ausgedacht und bewußt festgelegt haben, als wir in diese Wohnung eingezogen und erstmals die Küche einrichteten. Bei dieser Einrichtung haben wir uns etwas *gedacht*, und aus diesem Grunde ist Ordnung schaffen und Ordnung erhalten nicht nur ein manueller, sondern vor allem auch ein geistiger Prozeß. Deshalb betrifft die Energie der Schwerter auch alles, was mit *Denken, Intellekt* und *Verstand* zu tun hat.

Wenn uns der Tarot As der Schwerter gibt, dann will er uns in erster Linie auf das Schwert als Werkzeug hinweisen, womit das hinterfragte Problem zu lösen ist. Das bedeutet, daß wir durch den Einsatz unserer Energie die Dinge in Bewegung bringen oder sonstwie wirksamen Einfluß von außen her nehmen sollen. Dieser Einfluß sollte stets ein sorgfältig überdachter und darum eine bewußt durchgeführte Energieeinwirkung sein, dazu geeignet, die Dinge in *Ordnung* zu bringen.

Fragen, die nach dem Ziehen dieser Karte zu stellen sind:

Will mich der Tarot mit As der Schwerter darauf hinweisen, daß für die Lösung meines Problems meine Energieeinwirkung von außen her notwendig ist, um die Dinge in Bewegung zu bringen?

Will mich der Tarot durch As der Schwerter darauf hinweisen, daß es gilt, die Dinge in Ordnung zu bringen oder neu zu ordnen?

Will mich der Tarot mit As der Schwerter dazu anhalten, bei der Lösung meines hinterfragten Problems die Werkzeuge des Geistes und des Verstandes einzusetzen?

Zwei der Schwerter

Schlüsselbegriff:
Abgrenzung

Vergegenwärtigen wir uns folgende Situation: Zwei Hundehalter begegnen sich auf offener Straße in Begleitung ihrer Tiere. Die Hunde, nicht angeleint, stürzen sich unvermittelt aufeinander und verbeißen sich in heftigem Kampf ineinander. Da die Hunde vernünftigen Argumenten nicht zugänglich sind, bleibt ihren Haltern nichts anderes übrig, als die kämpfenden Tiere mit Brachialgewalt zu trennen und an die Leine zu nehmen. Damit ist der Kampf zwar äußerlich beendet, aber der Konflikt bleibt ungelöst. Sobald eines der Tiere wieder frei ist, wird es sich mit unverminderter Kampfeswut erneut auf den Gegner stürzen. Friede kann also nur erreicht werden, indem die beiden Hunde voneinander abgegrenzt werden. Abgrenzung im weitesten Sinne ist denn auch der Bedeutungsinhalt von Zwei der Schwerter.

Auch im menschlichen Bereich können sich Situationen ergeben, in denen Konflikte nicht sofort gelöst werden können, sondern nur durch Abgrenzung ihre schädlichen Auswirkungen verhindert werden können. Bei zwei Arbeitskollegen etwa, die seit Jahren den gleichen Büroraum miteinander teilen und sich spinnefeind sind. Jeder Versuch zu einer gütlichen Lösung war bisher erfolglos, und somit bleibt keine andere Wahl, als die beiden voneinander zu trennen und zu versetzen, damit sie sich nach Möglichkeit nicht mehr begegnen – zumindest solange nicht, bis eine andere Lösung für die Aufrechterhaltung des Friedens in Aussicht steht. Beide können für sich allein betrachtet durchaus tüchtige Arbeiter und umgängliche Menschen sein. Nur vertragen sie sich nicht, so daß die einzige Lösung in der Abgrenzung liegt.

Zwei der Schwerter bringt zum Ausdruck, daß der Konflikt oder das Problem, welches wir mittels des Tarot befragen oder bearbeiten, unter den jetzigen Umständen nicht lösbar ist. Wir können einzig durch Abgrenzung zu verhindern suchen, daß sich der Konflikt in einer destruktiven Weise materialisiert. Wir sollen also die Energie, die in sinnlosen Auseinandersetzungen vergeudet wird, in konstruktive Bahnen leiten.

Von der anderen Polarität her gesehen kann der Schluß naheliegen, daß ein Konflikt oder ein Problem nicht gelöst werden kann, weil Berührungsangst besteht und der notwendigen Konfrontation aus Angst, Vorsicht oder falscher Rücksichtnahme aus dem Wege gegangen wird.

Fragen, die nach dem Ziehen dieser Karte zu stellen sind:

Kann ich mit dem Konflikt oder dem Problem nur zurechtkommen, indem ich mich abgrenze und mich jeder unnötigen Konfrontation enthalte, die nur Öl ins Feuer gießen würde?

Könnte es sein, daß ich das Problem nicht lösen kann, weil ich ihm aus dem Weg gehe und mich weigere, mich damit zu konfrontieren?

Beachte den Unterschied zu Vier der Schwerter:

Vier der Schwerter zeigt den gelösten Konflikt zum Beispiel in Form eines Vertrages oder einer Übereinkunft, die von allen Beteiligten akzeptiert und befolgt wird. In diesem Falle braucht nicht ständig Energie zur Abgrenzung investiert zu werden. Man hat Ruhe und Frieden gewonnen und kann sich anderen Dingen zuwenden.

Drei der Schwerter

Schlüsselbegriff:
Einfügung

Wir geben uns gerne der Vorstellung hin, daß alles in unserem Leben machbar sei, sofern wir nur die richtige Einstellung dazu mitbringen, in der richtigen Weise denken und die Dinge auf die richtige Art anpacken. Stellt sich der Erfolg dann nicht ein, suchen wir die Schuld bei uns: »Ich habe die falsche Einstellung, denke falsch und handle entsprechend.«

Diese Meinung zeugt von Selbsterkenntnis und Bescheidenheit, verhindert Projektionen, ist edel und fortschrittlicher, einsichtiger als eine Einstellung, die alle Schuld nur bei den anderen sucht, aber letztlich genauso falsch ist. Wer jede Ursache seines Schicksals als Projektion in die Außenwelt verlegt, steht sich selbst im Weg. Das ist heutzutage für jedermann, der sich bemüht, über sich selbst und mit sich selbst ins reine zu kommen, zu einer Selbstverständlichkeit geworden.

Wer aber als Konsequenz der projizierten Haltung dem Leben gegenüber in vermeintlicher Selbsterkenntnis und als Fortschritt auf seinem Weg dazu übergeht, *jede* Ursache und Schuld nur bei sich selbst zu suchen, handelt genauso unrichtig wie derjenige, der die Ursache und die Verantwortung für sein Geschick mittels Projektion nur in der Außenwelt – bei den anderen – finden will.

Wer in die Außenwelt projiziert, sagt: »*Ich* bin richtig. An meinem Leiden ist die Welt, sind die andern schuld.« Wer nur sich selbst verantwortlich macht, sagt: »Ich bin ganz *allein* an allem schuld.« Beide Einstellungen sind extreme

Haltungen, die sich im gleichen Punkt berühren. Dieser gemeinsame Punkt ist die Selbstbezogenheit, die egozentrische Einstellung dem Leben gegenüber, die Überheblichkeit des Ego. Im ersten Fall kommt diese Egozentrik als Hybris (Selbstüberheblichkeit) zum Ausdruck: »Alle anderen sind schuld.« Im anderen Fall drückt sie sich als – vielleicht sogar verlogene – Demut und Einsicht aus: »Nur ich allein bin schuld«, weil hier die überhebliche Meinung besteht, daß alle Welt ihren Zweck nur darin findet und nur damit beschäftigt ist, *mir* den Spiegel vorzuhalten, damit *ich* lernen und Einsichten gewinnen kann.

Die Welt, in der wir leben, bietet uns nicht einfach nur ein Entweder-Oder zur Auswahl, sondern die Realität besteht oft aus dem Sowohl-als-auch. Daraus folgt, daß wir alles, was uns widerfährt, daraufhin untersuchen müssen, welches unser Anteil an der Sache ist und welcher Teil die Außenwelt betrifft.

An diesem Punkt setzt die Bedeutung von Drei der Schwerter ein. Die Karte will uns darauf aufmerksam machen, daß es an unserem Schicksal, an dem, was uns widerfährt, Umstände gibt oder geben kann, die unseren Einflußmöglichkeiten entzogen sind. Das in einem solchen Fall einzig Mögliche ist, sich zu fügen. Das Ziel dieser Einfügung besteht aber nicht in einer resignierten Leidensbereitschaft, obgleich Sicheinfügen mit Leiden verbunden sein kann, sondern in Klugheit und Einsichtsbereitschaft. Klugheit, die sich bemüht, die Realität zu betrachten und hinzunehmen, wie sie nun einmal ist. Klugheit, diejenigen Dinge nicht ändern zu wollen, die nicht zu ändern sind, und Klugheit, die darauf vertraut, daß nichts ewig dauert, sondern alles der Veränderung unterworfen ist. Klugheit, den Zeitpunkt zu erkennen, wenn die Energie umschlägt und aus der Fügung die Einflußmöglichkeit wird.

Die Frage, die nach dem Ziehen dieser Karte zu stellen ist:

Gibt es bei meinem Problem äußere Umstände zu berücksichtigen, die ich momentan nicht ändern kann und auf die ich keine Einflußmöglichkeit habe, so daß mir nichts anderes übrigbleibt, als mich in sie zu fügen, bis der Moment gekommen ist, eine Veränderung herbeizuführen?

Vier der Schwerter

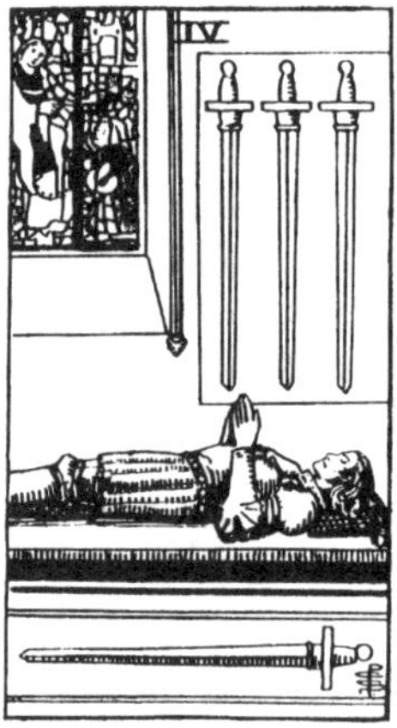

Schlüsselbegriffe:
Der wiederhergestellte Friede,
das wiedererlangte Gleichgewicht

Unausgeglichenheit ist die Wurzel aller Konflikte und Probleme. Diese Unausgeglichenheit oder dieses Ungleichgewicht kann in uns selbst oder zwischen uns und der Umwelt bestehen. Vier der Schwerter zeigt an, daß nach einer Phase von Konflikten und Unausgewogenheit nun wieder Friede und Balance vorherrschen, die aber nicht von selbst entstanden sind, sondern durch Bemühungen von uns persönlich oder von Personen in unserer Umgebung erreicht wurden.

Stellen wir uns die Situation nach einem Krieg vor. Die Konfliktparteien einigen sich auf einen Friedensvertrag. Wenn sich alle Parteien an diesen Vertrag halten, herrscht wieder Friede, und der Konflikt ist bereinigt. Das bedeutet, daß das Rüstungspotential abgebaut und die Armee entlassen werden kann. Dadurch wird viel Energie, die vorher in den Konflikt eingebunden war, frei und kann auf andere Weise genutzt werden. Friede ist ein sinnverwandtes Wort für Gleichgewicht, Balance. In dieser Balance kann man sich entweder von den Anstrengungen der Konfliktaustragung ausruhen oder sich neuen Aufgaben zuwenden.

Vier der Schwerter will sagen: Es ist getan worden, was zu tun war, um einen Konflikt zu lösen, ein Problem zu bereinigen. Jetzt ist der erstrebte Zustand erreicht worden, und wir können unsere Energie neuen oder anderen Aufgaben zuwenden.

Die Frage, die nach dem Ziehen dieser Karte zu stellen ist:
Will mich Vier der Schwerter darauf aufmerksam machen, daß mein Problem gelöst ist, ich oder andere alles getan haben, damit der Zustand der Ausgewogenheit wiederhergestellt wurde und ich meine Energien somit neu und konstruktiv einsetzen kann?

Beachte den Unterschied zu Zwei der Schwerter:
Vier der Schwerter zeigt den *gelösten Konflikt,* zum Beispiel in Form eines Vertrages oder einer Übereinkunft, die von allen Beteiligten akzeptiert und befolgt wird. Bei Zwei der Schwerter ist der Konflikt nicht gelöst, eine ständige Zufuhr von Energie zur Eindämmung oder Abgrenzung ist nötig, damit die Folgen des Konfliktes nicht zum Tragen kommen.

Fünf der Schwerter

Schlüsselbegriffe:
Der rechtmäßige Angriff, Aggression

Fünf der Schwerter steht in enger Beziehung zu Fünf der Stäbe und kann in gewisser Weise als deren Polarität betrachtet werden. Bei beiden Karten geht es um das richtige Gleichgewicht: bei Fünf der Stäbe um dessen Verteidigung, bei Fünf der Schwerter um dessen Wiederherstellung.

Das Wort Aggression ist in unserem täglichen Sprachgebrauch stark negativ besetzt, in der Bedeutung von feindlichem, schädlichem Angriff mittels Wort oder Tat. Die Kernbedeutung von Aggression ist indessen eine ganz andere: Aggression leitet sich vom lateinischen Verb *aggredere* ab, das »auf jemanden oder etwas zuschreiten« bedeutet (*gradus* = der Schritt). Aggression in diesem Sinne umfaßt alle Formen der Kontaktaufnahme und alle Formen der Berührung – seien sie friedlich oder kriegerisch, liebevoll oder gehässig, seien sie geistig oder körperlich. Aggression beinhaltet also alle Formen der direkten Auseinandersetzung mit jemandem oder mit einer Sache. Diese Sichtweise ist für das richtige Verständnis der Karte Fünf der Schwerter unerläßlich.

Die Grundaussage der Karte ist ein verlorengegangenes Gleichgewicht in dem Sinne, wie es bei Fünf der Stäbe definiert ist, wiederherzustellen. Dies ist in den meisten Fällen nicht möglich ohne eine direkte Kontaktaufnahme zu der Person, den Personen oder der Sache, welche die Ursache für die verlorengegangene Ausgewogenheit bilden.

Als Beispiel kann die Situation eines Kronprinzen genommen werden, der nach dem Tode seines Vaters als kleines, unmündiges Kind von der Ausübung der legitimen Thronfolge verdrängt und gezwungen wurde, aus seinem angestammten Land zu fliehen. Durch die Verdrängung des legitimen Thronerben ist eine Situation der Unausgewogenheit entstanden, die es wieder zu beseitigen gilt. Nachdem der legitime Thronfolger erwachsen geworden ist, sammelt er ein Heer, überschreitet mit diesem die Grenzen seines Vaterlandes und greift die Armee des unrechtmäßigen Königs an, um sein Recht auf den Thron durchzusetzen. Das ist rechtmäßige Aggression. Dies gilt selbst für den Fall, daß im Lande Friede herrscht, denn dieser ist auf unrechtmäßiger Basis errichtet und bildet deshalb ein falsches Gleichgewicht.

Nachdem der legitime Thronerbe die Armee des unrechtmäßigen Königs besiegt hat, verfolgt er die Fliehenden bis an die Grenzen seines Landes. Dort macht er halt, ohne die geschlagene Armee über die Grenzen hinaus zu verfolgen, da das Gebiet jenseits der Grenze nicht mehr zu seinem Land gehört. Würde er diese Grenze im Siegestaumel überschreiten, um den Unterlegenen den Rest zu geben und sie zu vernichten, würde sein Handeln selbst unrechtmäßig. Dieser Umstand ist wichtig und in jedem Falle genau zu beachten. Äußerlich gesehen kann sein Vorgehen als Niederlage gedeutet werden, da ja die feindliche Armee nicht vernichtet wird und sich jederzeit wieder sammeln und einen erneuten Angriff durchführen könnte. Aber nicht Endsieg, also Vernichtung, ist hier am Platz, sondern nur die Wiederherstellung der legitimen Situation, der rechtmäßigen Ausgewogenheit. Ist dies erreicht, muß der Angriff – die Aggression – gestoppt werden.

Fünf der Schwerter macht uns darauf aufmerksam, daß das rechtmäßige Gleichgewicht, sei es durch Schwäche, Feigheit oder Irrtum verlorengegangen, wiederhergestellt werden muß.

Dabei geht es wie im Falle einer Erkrankung unseres Körpers nicht in erster Linie um die eventuell nötige Vernichtung der Gegner, hier der unrechtmäßig in unser Blut gedrungenen Bakterien, sondern um die Wiederherstellung des

Gleichgewichts, hier der Gesundheit, was nicht zwangsläufig mit Gewalt und Streit verbunden sein muß.

Fünf der Schwerter kann uns auffordern, dem unrechtmäßigen Verdränger eine Gegenkraft zu bieten und ihn mit Geduld und friedfertigen Bemühungen zu der Einsicht zu bewegen, das rechtmäßig erworbene Terrain freiwillig wieder zu räumen.

Fünf der Schwerter kann auch eine Mahnung sein, uns nach erlittenem Unrecht nicht einfach in Groll oder Resignation zurückzuziehen und den unrechtmäßigen Zustand bestehen zu lassen. Ein solches Verhalten würde uns zum Mitverantwortlichen machen. Mehr noch: Fünf der Schwerter kann auch als Aufforderung betrachtet werden, nach einem Streit nicht einfach in Wortlosigkeit und stummer Ablehnung des Gegners zu verharren, sondern von uns aus den Kontakt wieder aufzunehmen, um mittels der Kraft unserer Liebe die unausgewogene Situation wieder zu beseitigen.

Fragen, die nach dem Ziehen dieser Karte zu stellen sind:

Will mich Fünf der Schwerter darauf aufmerksam machen, daß ich aus Schwäche oder Nachlässigkeit meine legitime Position verloren und nun die Aufgabe habe, sie wieder in Anspruch zu nehmen, auch wenn dies mit Mühsal und Risiken verbunden ist?

Will mich Fünf der Schwerter darauf aufmerksam machen, nach einem Zerwürfnis, das zu meinen Ungunsten ausgegangen ist, als erster wieder den Kontakt aufzunehmen – also rechtmäßige Aggression auszuüben –, um den Frieden in der rechten Ausgewogenheit wiederherzustellen?

Sechs der Schwerter

Schlüsselbegriffe:
Höhere Erkenntnis, Initiation, Aufbruch zu neuen Ufern

Soweit wir es überblicken können, ist der Mensch auf der materiellen Ebene das einzige Wesen, das imstande ist, aus Einsicht heraus zu handeln. Das Wort *Einsicht* kommt von »einsehen« im Sinne von »in die Dinge hineinsehen, ihren Kern wahrnehmen; erkennen, worauf es ankommt«. Damit ist Einsicht eng verbunden mit der Bedeutung der Worte *Esoterik, esoterisch,* die vom griechischen *esoterikos* her die gleiche Bedeutung haben.

Handeln aus der Einsicht heraus bedeutet Verzicht auf unreflektiertes, instinkt- oder triebhaftes Handeln. Mittels seines Geistes und seines Intellektes ist der Mensch fähig, anstatt dem stets dem Interesse des eigenen Ichs verhafteten, triebhaften Handeln Dinge zu tun, die ihren Sinn in einem den eigenen Interessen übergeordneten, dem großen Ganzen Dienenden haben.

Das ist nicht selbstverständlich. Angeboren ist dem Menschen nicht die Fähigkeit der Einsicht, sondern die Fähigkeit, Einsicht zu erlangen. Wie stark diese Fähigkeit beim einzelnen Menschen entwickelt wird, hängt weitgehend von seiner Bereitschaft und seinem Willen dazu ab. In jedem Falle ist aber das Erlangen der Einsicht mit harter und beharrlicher Arbeit an der eigenen Persönlichkeitsentwicklung verbunden. Es gibt Menschen, die darin bereits weiter fortgeschritten sind, und andere, die bei dieser Aufgabe noch weitgehend in den Anfängen stecken. Je weiter ein

Mensch auf diesem Weg voranschreitet, um so mehr kann man von höherer Erkenntnis sprechen.

Hier muß darauf hingewiesen werden, daß es für die höhere Erkenntnis kein absolutes Maß gibt. Sie ist für jeden Menschen individuell. Was dem einen bereits Selbstverständlichkeit ist, kann für den anderen aus einem Aha-Erlebnis heraus ein weiterer Schritt zu höherer Erkenntnis bedeuten.

Höhere Erkenntnis besteht aus zwei Komponenten: Aus den Erfahrungen, die wir gemacht haben, und aus der Fähigkeit, diese Erfahrungen in den richtigen Zusammenhang zu bringen. Das heißt, daß wir uns entfernen müssen von Emotionen und Gefühlen, welche uns bisher daran gehindert haben, das Problem von der richtigen Warte aus zu betrachten, und uns dem Mentalen, der Überlegung und dem Gebrauch unseres Verstandes zuwenden sollen. Das Schwert ist unter anderem das Werkzeug des Verstandes, des Intellekts, der uns Einsicht gestattet, die zur Erkenntnis führt.

Ein Mensch, der zu höherer Erkenntnis gelangt ist, steht immer an der Schwelle der Initiation. Initiation diente früher – zur Zeit der Mysterienkulte – dazu, einen Schüler, der die entsprechende Reife erlangt hatte, den höheren Sinn und Zusammenhang von Erfahrungen und Wissen aufzuzeigen, die der Betreffende zwar zur Verfügung hat, aber noch nicht im richtigen Licht der Bewußtheit sehen kann. Die Initiation sollte ihm zeigen, »was die Welt im Innersten zusammenhält«. Gleichzeitig wurde ihm eine Kraft übertragen, von der seine weiteren Erfahrungen und sein weiteres Handeln geprägt wurde.

Initiation vermittelt also zwei Dinge: Ein Bewußtsein, das in diesem Falle, aus der höheren Erkenntnis hervorgehend, ebenfalls ein höheres ist, ferner eine Kraft, die einem von jemandem oder etwas dazu Befugtem übertragen wird. Diese Komponente der Kraftübertragung kann man in der praktischen Tarot-Arbeit beim Erscheinen von Sechs der Schwerter unbeachtet lassen, es sei denn, es bestünden äußere Umstände, die eine Einbeziehung zwingend und klar ersichtlich nahelegen.

Initiation im Sinne von Sechs der Schwerter ist also stets

mit höherer Erkenntnis verbunden. Sei es, daß uns höhere Erkenntnis in bezug auf unser Problem zuteil wird, sei es, daß wir aufgefordert werden, unser Problem vom Standpunkt der höheren Erkenntnis aus zu betrachten und entsprechend zu handeln.

Es kann durchaus sein, daß höhere Erkenntnis uns dann auch zur Einsicht führt, daß unser Problem – von dieser Warte aus betrachtet – uns im Grunde nichts mehr angeht, es die Rolle, in unserem Leben *Problem* zu sein, ausgespielt hat. Wir können nun entweder das Nötige tun, um es aus dem Einflußbereich unseres Lebens zu eliminieren, oder wir können uns davon absetzen und mit höherer Erkenntnis versehen getrost *zu neuen Ufern aufbrechen,* ohne uns weiter um das Problem zu kümmern, sei es nun äußerlich betrachtet gelöst oder nicht.

Fragen, die nach dem Ziehen dieser Karte zu stellen sind:

Will mich der Tarot mit Sechs der Schwerter dazu auffordern, mein hinterfragtes Problem im Lichte meiner bisher gemachten Lebenserfahrung zu betrachten und aus der dadurch gewonnenen höheren Erkenntnis heraus zu behandeln?

Will mich der Tarot mit Sechs der Schwerter darauf aufmerksam machen, daß meine Situation einem Aufbruch zu neuen Ufern gleicht und ich dazu meine Erfahrungen und Einsichten, nicht aber unnötigen Ballast mitnehmen soll?

Sieben der Schwerter

Schlüsselbegriffe:
Flexibilität, Spontaneität

Unser tägliches Handeln wird weitgehend von den Umständen bestimmt, in denen wir leben. Je stabiler und deshalb berechenbarer diese Umstände sind, desto mehr Spielraum ist unserem Handeln eingeräumt. Dies bedeutet, daß wir im Gegensatz zu einer bloßen Reaktion mehr Möglichkeiten zu einer selbständigen Aktion haben.

Aber während unseres Lebens können Phasen eintreten, in denen diese äußeren Umstände einem ständigen Wechsel unterstellt sind. Solche Phasen können wir mit Aprilwetter vergleichen, das uns kurz nacheinander Sonnenschein, Regen, Hagelschauer und sogar Schnee bescheren kann. Wer im Monat April unterwegs ist, muß sich deshalb auf alle Möglichkeiten einstellen und das notwendige Rüstzeug mit sich führen, um es der gerade vorherrschenden Situation gemäß einzusetzen.

Während dieser Phasen ist auf nichts Verlaß, ständiger Wechsel der äußeren Umstände ist angesagt, was von uns Flexibilität erfordert.

Dies ist die Situation, auf welche Sieben der Schwerter hinweisen will. Die Umstände im Ganzen oder auf einzelne Gebiete bezogen (beruflich oder privat) ändern sich momentan ständig und machen es unmöglich, eine definitive oder für längere Zeit gültige Ordnung zu errichten. Eine Ordnung, die wir eben erlangten und welche für die Situation, in der sie entstand, durchaus ihre Gültigkeit aufwies, gilt jetzt nicht mehr, und eine neue Ordnung muß aufgestellt werden, die für das momentan gültige Hier und Jetzt stimmt. Das erfordert in höchstem Maße Flexibilität. Statt Flexibilität könnte auch der Ausdruck »Anpassungsfähigkeit« oder »Anpassung« verwendet werden. Dies könnte jedoch zu Mißverständnissen führen, denn hier ist nicht Anpassung im Sinne eines zweckbestimmten Opportunismus gemeint, sondern einfach Anpassung oder Einpassung in bestehende Situationen, die nicht unserer Kontrolle unterliegen.

Unsere Reaktionsfähigkeit wird gefordert, und da die Dynamik des Wechsels der Umstände unberechenbar ist, muß unsere Reaktion in den weitaus meisten Fällen spontan erfolgen. Spontaneität ist denn auch ein weiterer wichtiger Schlüsselbegriff zu dieser Karte.

Die Frage, die nach dem Ziehen dieser Karte zu stellen ist:

Will mich Sieben der Schwerter darauf aufmerksam machen, daß momentan alle oder einzelne meiner Lebensumstände einer ständigen Veränderung unterliegen, die keine stabile oder definitive Ordnung zuläßt, sondern von mir eine ständige Flexibilität, verbunden mit Spontaneität, verlangt?

Beachte den Unterschied zu Drei der Schwerter:

Drei der Schwerter legt den Akzent auf die Umstände, die Situation und ihre momentane Unveränderbarkeit durch unser Wollen und Handeln. Sieben der Schwerter dagegen weist uns in einer Situation, die sich fortwährend dynamisch verändert und auf diese Weise unserer Kontrolle entzogen ist, auf unsere Handlungs- und Reaktionsfähigkeit hin.

Acht der Schwerter

Schlüsselbegriff:
Vorurteil und seine Folgen

Das Wort *Vorurteil* sagt bereits, worum es geht: Wir definieren eine Situation aufgrund von vorgefaßten oder ungeprüft übernommenen Meinungen, die entweder persönlicher oder kollektiver Art sein können. Wenn die so auf ihre Realität hin ungeprüfte Situation in unserem Bewußtsein zur Wirklichkeit oder Wahrheit erhoben wird, können wir noch so logisch und folgerichtig darauf reagieren und handeln – das Resultat unseres Tuns wird immer in eine Sackgasse, zu noch mehr Verwicklungen und Problemen führen, weil der Ausgangspunkt unseres Handelns nicht mit der Realität übereinstimmt.

Als Folge davon geraten wir immer mehr ins Abseits, in Einengung und Isolation. In diesem Sinne könnte auch der Begriff *Isolation* als Schlüsselbegriff miteinbezogen werden, um die Energie von Acht der Schwerter auszudrücken. Der Tarot indessen will den Akzent nicht bloß auf die Auswirkung legen, sondern auf deren Ursache.

Vorurteile, vor allem wenn sie dem einzelnen Menschen unterlaufen, und die daraus entstehende Isolierung führen zur Verbitterung und zu resigniertem Rückzug hinter den selbstgebastelten Gartenzaun. Sie können aber auch eine intensive Steigerung unserer Aktivität, bis hin zu – im extremen Falle – psychopathischen oder kriminellen Auswüchsen provozieren, die dazu dienen sollen, die Welt doch noch nach unseren vorgefaßten Vorstellungen umzugestalten. Ein Vorgehen, das höchstens vorübergehend zu scheinbaren Erfolgen führen kann, letztlich aber immer zum Scheitern verurteilt ist – was noch mehr Isolation und Verbitterung zur Folge hat.

Acht der Schwerter will uns darauf hinweisen, daß die Ursache unseres Problems darin liegt, daß wir uns in der unmittelbaren oder längerfristigen Vergangenheit von vorgefaßten Meinungen und Vorurteilen leiten ließen und wir nun mit den Folgen dieses Fehlverhaltens konfrontiert sind. Oder aber der Tarot will uns davor warnen, aufgrund von unreflektierten Vorurteilen ein Problem lösen zu wollen. Welche der beiden Versionen zutrifft, wird die genaue, realitätsbezogene Analyse des Problems zeigen.

Fragen, die nach dem Ziehen dieser Karte zu stellen sind:

Will mich der Tarot darauf hinweisen, daß ich mich irgendwann einmal in der Vergangenheit von Vorurteilen leiten ließ, als dessen Folge ich jetzt mit dem hinterfragten Problem konfrontiert bin?

Will mich der Tarot davor warnen, die Lösung des anstehenden Problems aufgrund von Vorurteilen in die Hand zu nehmen, und mich dazu auffordern, die Situation so zu betrachten, wie sie ist, bevor ich handle?

Beachte den Unterschied zu Sieben der Stäbe:

Beide Karten haben mit mißdeuteter Realität zu tun. Bei Acht der Schwerter liegt die Ursache dazu in Vorurteilen und vorgefaßten Meinungen, im Falle von Sieben der Stäbe kann die mißdeutete Realität auch auf Irrtum oder Nachlässigkeit beruhen.

Acht der Schwerter konfrontiert mich mit Ursachen und Folgen einer Situation mißdeuteter Realität, während Sieben der Stäbe den Akzent darauf legt, wie ich in einer solchen Situation handle.

Neun der Schwerter

Schlüsselbegriff:
Sich lebendig fühlen durch Leiden

Neun der Schwerter macht darauf aufmerksam, daß ein Leiden oder ein Problem, das uns bedrückt, seine Ursache in einem ungelösten Konflikt hat. Leiden kann hier in einem weiten Spektrum verstanden werden, vom einfachen, nicht allzusehr belastenden Unbehagen über psychisches Leiden bis zum Erscheinen von mehr oder weniger schweren körperlichen Symptomen. Immer aber ist der ungelöste Konflikt die zugrundeliegende Ursache. Nun drängt sich natürlich der Gedanke auf, die Lösung des Konflikts bedeute die Befreiung vom Leiden. Das ist im Prinzip richtig, sieht aber in der Praxis oft ganz anders aus. Der Konflikt, der mit Neun der Schwerter gemeint ist, läßt kein vereinfachendes Entweder-Oder zu. (Diese Art von Konflikt wird von Zehn der Schwerter dargestellt.) Die Schwierigkeit des Konflikts von Neun der Schwerter besteht darin, daß eine Konfliktlösung jeder Art nicht nur mit Vorteilen, sondern auch mit – vielleicht sogar erheblichen – Nachteilen verbunden ist.

So kann es zum Beispiel im Leben einer Frau zwei Männer geben, die sich darum bewerben, ihr Leben gemeinsam mit ihr zu verbringen. Nehmen wir ferner an, daß diese Frau schon in reiferem Alter steht und sich sagt, daß dies wahrscheinlich ihre letzte Chance ist, ihr angestrebtes Lebensziel – eine Familie und Kinder zu haben – zur Erfüllung zu bringen. Der eine der beiden Männer spricht sie emotional sehr an, vielleicht liebt sie ihn sogar. Andererseits übersieht sie auch nicht, daß er über Charaktereigenschaften verfügt, die einer stabilen Partnerschaft nicht unbedingt förderlich sind, und daß sie sogar das Risiko eingehen würde, trotz emotionaler Erfüllung ihr weiteres Leben in materieller Unsicherheit oder gar Bedürftigkeit zu verbringen. Der andere Bewerber ist durch und durch solide, und bei ihm würde sie materielle Sicherheit und Geborgenheit finden. Sie mag ihn sehr wegen seiner guten Charaktereigenschaften, aber der emotionale »Kick«, die Liebe, fehlt.

Nun hat die Frau zwischen zwei Lösungen zu entscheiden, von welchen jede einen Vorteil, aber auch einen Nachteil enthält. Jede Lösung bringt auf irgendeine Weise Erfüllung aber auch Verzicht mit sich. Die Frau muß herausfinden, wo für sie das Verhältnis zwischen Vorteil und Nachteil am ehesten stimmt.

Die dritte und schlechteste Lösung wäre für sie, dem Entscheid auszuweichen und anschließend ihr weiteres Leben lang darüber zu trauern, daß ihr die Erfüllung ihres Lebensziels versagt geblieben ist. Sehr viele Menschen wählen diesen dritten Weg und erfahren dann ihr weiteres Lebensgefühl als permanentes Leiden, das sich schließlich auch in Krankheitssymptomen zeigen kann. »Ich leide, also bin ich« wird zu ihrer Lebensdevise. Davor will uns Neun der Schwerter in erster Linie warnen und uns darauf aufmerksam machen, daß im Problem, das wir mittels des Tarot hinterfragen, von uns eine mutige Entscheidung gefordert wird – auch wenn die zur Verfügung stehenden Möglichkeiten und Alternativen uns nicht eindeutig positiv oder negativ erscheinen.

Fragen, die nach dem Ziehen dieser Karte zu stellen sind:

Will mich Neun der Schwerter darauf aufmerksam machen, daß ich in einem Konflikt stehe, den mit einer mutigen Entscheidung zu lösen ich mich weigere?

Will mich Neun der Schwerter darauf aufmerksam machen, daß ich mein Lebensgefühl aus dem Leiden heraus beziehe, statt aus einem erfüllten Lebendigsein, das auch Glück und Freude enthält?

Beachte den Unterschied von Neun der Schwerter zu Zehn der Schwerter:

Bei Zehn der Schwerter geht es um einen klaren Entweder-Oder-Entscheid. Das eine ist mit dem andern nicht zu vereinen.

Bei Neun der Schwerter sind die Alternativen nicht so klar voneinander zu trennen, alle enthalten ein Sowohl-als-auch. Ich muß mich für diejenige Lösung des Konfliktes entscheiden, die für mich die meisten Vorteile und die wenigsten Nachteile enthält.

Zehn der Schwerter

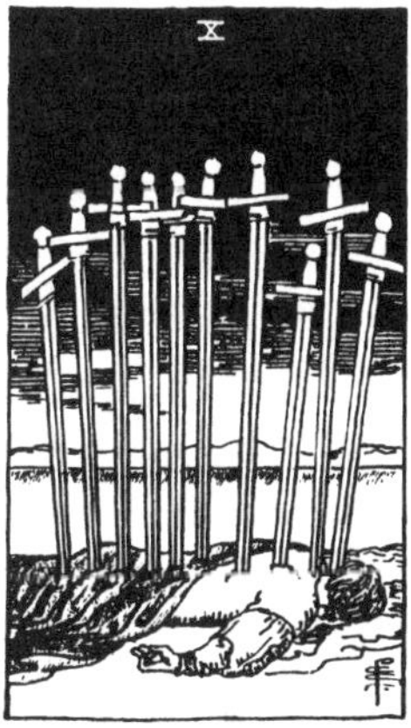

Schlüsselbegriffe:
Höhere Erkenntnis, Opfer,
Prioritäten setzen, Fixierung

Im täglichen Leben kommen wir immer wieder in Situationen, in denen wir mehr oder weniger schmerzlich damit konfrontiert werden, daß sich zwei Dinge nicht miteinander vereinbaren lassen. Besonders schmerzlich empfinden wir dies dann, wenn wir beide Möglichkeiten für uns in Anspruch nehmen möchten. Es bleibt uns nichts anderes übrig, als uns für die eine der Alternativen zu entscheiden und in Kauf zu nehmen, die andere dafür zu opfern.

Das Leben zeigt uns, daß wir solchen klaren Entscheidungen gerne aus dem Weg gehen, daß wir uns immer wieder der trügerischen Hoffnung hingeben, vielleicht doch noch eine Gelegenheit oder Möglichkeit zu finden, sowohl das eine *als auch* das andere zu realisieren. Werden wir dann zur Einsicht gezwungen, daß dies nicht möglich ist und daß auch kein noch so raffinierter Trick uns dazu verhelfen kann, sowohl das Brötchen als auch den Batzen, das dafür zu zahlende Geld, die uns beide lieb und teuer sind, für uns zu behalten, sind meist Leid und Schmerz die Folge.

Dies ist der Grund, warum der Begriff »Opfer« so gerne zu einem sinnverwandten Wort für Leiden wird. Das muß nicht sein. Wir müssen lernen, das Opfer als ein bewußtes Setzen von Prioritäten zu erkennen. Dieses Setzen von Prioritäten ist immer mit einem bewußten Entscheidungsprozeß zu verbinden. Wir müssen dabei herauszufinden suchen, was uns wichtiger ist: das Brötchen oder der Batzen. Wenn uns wichtiger erscheint, den Hunger zu stillen, als Geld zu besitzen, dann kommen wir nicht darum herum, den Batzen zu opfern und mit dem dafür gekauften Brötchen den Hunger zu stillen. Dann müssen wir allerdings in Kauf nehmen, daß uns der Batzen später für etwas anderes, das auch unseren Bedürfnissen entspricht, fehlen wird. Oder wir entscheiden uns dafür, das Hungerfühl unbefriedigt zu lassen und zu ertragen. Als Konsequenz daraus bleibt uns in diesem Fall die Möglichkeit erhalten, den gesparten Batzen *später* zu unserer Verfügung zu haben, wenn sich uns eine Möglichkeit eröffnet, damit einen Wunsch zu erfüllen oder ein Bedürfnis zu stillen, welche sich uns vielleicht im gegenwärtigen Moment noch gar nicht zeigen.

In diesem bewußten Entscheidungsprozeß ist es wichtig, den getroffenen Entschluß klar und mutig in die Tat umzusetzen. Dies ist die einzige Gewähr, uns vor unnötigem Leiden zu bewahren.

Vor eine solche Entscheidung gestellt, neigen viele Menschen dazu, der Opfertat auszuweichen oder sie immer wieder aufzuschieben. Sie gleichen dann dem Esel aus dem Sprichwort, der zwischen zwei Heuhaufen steht und sich nicht entscheiden kann oder nicht entscheiden möchte, von welchem er zuerst fressen will. Ein solcher Esel läuft Gefahr, schließlich elendiglich zwischen den beiden Heuhaufen zu verhungern. Wer so handelt, erlebt Zehn der Schwerter als *Fixierung,* als eine Festnagelung, die ihn daran hindert, auf seinem Lebensweg weiter voranzukommen.

Zehn der Schwerter macht uns darauf aufmerksam, daß der Ratsuchende im hinterfragten Problem vor eine Entscheidungssituation gestellt ist, die ein Opfer fordern wird und zu deren Lösung klar und gründlich überdachte Prioritäten gesetzt werden müssen. Ist der Entscheid einmal gefallen, soll er unverzüglich und bewußt realisiert werden. Eine solche Handlungsweise bewahrt vor Leiden und Schmerz oder vermag sie auf ein vernünftiges und erträgliches Maß zu reduzieren.

Fragen, die nach dem Ziehen dieser Karte zu stellen sind:

Macht mich Zehn der Schwerter darauf aufmerksam, daß ich einen klaren Entscheid zu fällen habe, der damit verbunden ist, daß ich etwas, das nicht mit der von mir gewählten Lösung zu vereinbaren ist, opfern muß?

Macht mich Zehn der Schwerter darauf aufmerksam, daß ich eine längst fällige Entscheidung vor mir herschiebe, aus Angst, etwas, was mir lieb und teuer ist, opfern zu müssen, und aus Angst vor dem damit verbundenen Schmerz?

Beachte den Unterschied von Zehn der Schwerter zu Neun der Schwerter:

Bei Zehn der Schwerter geht es um einen klaren Entweder-Oder-Entscheid. Das eine ist mit dem andern nicht zu vereinbaren.

Bei Neun der Schwerter sind die Alternativen nicht so klar voneinander zu trennen. Alle enthalten ein Sowohl-als-auch. Ich muß mich für diejenige Lösung des Konfliktes entscheiden, die für mich die meisten Vorteile und die wenigsten Nachteile enthält. Nicht so sehr die Lösung, für die ich mich entscheide, ist in diesem Falle wichtig, sondern daß ich mich überhaupt entscheide, denn ansonsten laufe ich Gefahr, mein Lebensgefühl aus dem Leiden zu beziehen, welches aus dem ungelösten Konflikt heraus entsteht.

As der Münzen

Schlüsselbegriffe:
Ur-Erde, Materie, Form

Wir können davon ausgehen, daß das Universum, in dem wir leben, aus verschiedenen Ebenen besteht, ähnlich den diversen Frequenzen, auf welchen elektromagnetische Schwingungen Funksignale senden. Um die in einem Funksignal enthaltenen Informationen aufzunehmen und verarbeiten zu können, ist es wichtig, dieses Signal *rein* zu empfangen, uns also ausschließlich auf diejenige Frequenz einzustimmen, auf der die für uns bestimmten Signale gesendet werden. Der Frequenzbereich, auf welchem wir in unserer menschlichen Existenz angesiedelt sind, ist die Ebene der Materie. Das Wort *Materie* leitet sich vom lateinischen *mater* (Mutter) ab. Materie soll uns in diesem Sinne vermitteln, was eine Mutter dem kleinen Kind gibt: Geborgenheit, schützende Eingrenzung, Festigkeit.

Materie wird in der Bildsprache des Tarot durch das Symbol der Münze ausgedrückt. Die Münze steht für die reine Erdenergie, deren Eigenschaft die Festigung, die Verdichtung ist. Nur in dieser Verfestigung und Verdichtung können wir mit der Welt, in der wir leben, in der richtigen Weise umgehen. Das bedeutet, daß wir diesen Zustand – in einem sehr weiten und vielfältigen Sinne gesehen als den für unser Leben und Wirken nötigen – akzeptieren müssen, auch wenn wir ihn manchmal als begrenzend und einschränkend erfahren.

Wenn uns der Tarot As der Münzen gibt, will er uns

zunächst darauf aufmerksam machen, daß die Lösung unseres hinterfragten Problems auf der materiellen Ebene zu suchen ist und die zu ihrer Verwirklichung benötigten Mittel und Energien dieser materiellen Ebene einzusetzen sind.

Das uralte Symbol der Münze macht uns zusätzlich auf einen anderen Umstand aufmerksam: Materie, als Verfestigung gesehen, ist gespeicherte, konservierte Energie, die je nach Bedarf in andere Energieformen umgesetzt werden kann. Bei der Arbeit beispielsweise setzen wir Energie ein. Das dadurch entstandene Energiedefizit wird uns als Verdienst zum Beispiel durch Geld, also durch Münzen, wieder zugeführt. Brauchen wir diese Energie nicht sofort wieder, können wir sie aufbewahren bis zu dem Zeitpunkt, zu dem wir sie wieder benötigen, und in die Energieform transformieren, die für uns dann gerade aktuell ist.

Dies kann bedeuten, daß alles Nötige zur Lösung des Problems in den materiellen Gegebenheiten unseres Lebens und unserer Umwelt zu finden ist. Von besonderer Wichtigkeit ist, daß diese materiellen Gegebenheiten in einem weit gefaßten Sinne und nicht ausschließlich als Geldangelegenheit verstanden werden müssen.

Ein weiterer Umstand, der berücksichtigt werden muß, ist die *Form*, denn alles, was auf der materiellen Ebene vorhanden ist, zeigt sich uns in irgendeiner Form. Erst durch die Form wird es für uns handhabbar, und erst durch die Form können wir Materie beeinflussen, was sich in den meisten Fällen als Veränderung zum Ausdruck bringt. Bevor wir etwas verändern können, müssen wir die Form, in der es sich zeigt, akzeptieren. Akzeptanz bedeutet weder Fatalismus noch Resignation, sondern ein bewußtes, wertfreies Sehen und Annehmen dieser Form. Der Tarot will uns darauf aufmerksam machen, daß dies der erste Schritt zur Veränderung ist.

Fragen, die nach dem Ziehen dieser Karte zu stellen sind:

Will mich der Tarot durch As der Münzen darauf aufmerksam machen, daß die Lösung meines hinterfragten Problems auf der materiellen Ebene anzustreben ist – unter Berücksichtigung all dessen, was mit diesem Begriff verbunden ist?

Will mich der Tarot durch As der Münzen darauf aufmerksam machen, daß ich zur Lösung des Problems Energien einsetzen muß, die geeignet sind, auf die Materie und die materielle Ebene einzuwirken?

Will mich der Tarot durch As der Münzen darauf aufmerksam machen, daß es notwendig ist, die materielle Form zu betrachten, in welcher sich das Problem mir zeigt, bevor die Lösung desselben angegangen werden kann?

Beachte den Unterschied zu As der Schwerter:

Das Schwert symbolisiert Ordnung. Ordnung ist die Beziehung oder das Beziehungsnetz, in der oder dem sich einzelne Formen selbständig zueinander verhalten oder zueinander gestellt werden.

Als *Form* zeigt sich alles, was der materiellen Ebene zueigen ist, auch wenn es selbständig vorhanden und nicht in eine bestimmte Ordnung eingebunden ist.

Zwei der Münzen

Schlüsselbegriffe:
Schwingung, Rhythmus, Zyklus

Alles im Kosmos, sowohl im Makrokosmos des Universums wie im Mikrokosmos unseres persönlichen Bereichs, läuft rhythmisch-zyklisch ab. Wir erkennen dies im Wechsel der Jahreszeiten, im Zyklus von Tag und Nacht, im Rhythmus unseres Herzschlages und Atems und so weiter. Dieses Rhythmisch-Zyklische erfahren wir als ein Auf und Ab, als Zyklus von energetischem Fluß und Rückfluß, dem alles und jedes im Leben unterstellt ist. Unsere Lebensfahrt kann mit einer Schiffsreise verglichen werden, während welcher sich das Schiff einmal hoch oben auf einem Wellenkamm befindet und dann wieder tief unten im Wellental. Oben auf der Welle steht uns viel Energie zur Verfügung, die wir raschentschlossen einsetzen und nutzen müssen, denn dieses Hoch wird nicht anhalten, die Fahrt in die Tiefe – was auch immer sie bedeuten mag – wird unerbittlich erfolgen. Nutzen wir also die Gunst der Umstände und das Hoch an Energie rechtzeitig und klug. Unten im Wellental dürfen wir darauf vertrauen, daß auch dieser Zustand nicht von Dauer ist, sondern daß der Aufstieg, der Anstieg von Energie nach dem gleichen kosmischen Gesetz mit Sicherheit erfolgen wird. »Alles Ding hat seine Zeit.«

Nicht immer verlaufen die großen kosmischen Rhythmen übereinstimmend und parallel mit denjenigen unserer Lebensumstände. Da der Mensch im Rahmen des großen kosmischen Gesetzes in der Gestaltung seines Lebens weitgehend frei ist – was ihn von Pflanze und Tier unterscheidet –, sind Konflikte zwischen der großen kosmischen Schwingung und unserem persönlichen Lebensrhythmus unvermeidlich und werden zur Ursache von Problemen, die uns zutiefst verunsichern können, wenn wir den Zusammenhang zwischen den großen kosmischen Zyklen und unseren persönlichen Lebensrhythmen aus den Augen verlieren.

Auf diesen Zusammenhang, auf unser persönliches Eingebundensein in diese übergreifende kosmische Gesetzmäßigkeit, die sich uns manchmal als ein unverständliches Ausgeliefertsein oder unergründliches Schicksal zeigt, will Zwei der Münzen aufmerksam machen. Diese Karte wird vorwiegend dann erscheinen, wenn dem Ratsuchenden das Gesetz der Schwingung noch unbekannt ist oder wenn er in widrigen Lebensumständen den Blick dafür verloren hat.

Zwei der Münzen kann sagen: Nutze die Phase, in der du dich jetzt befindest und in der dir viel Energie zur Verfügung steht, um das zu tun, was zu tun ist, bevor sich die Gezeiten wenden und dir ein entsprechendes Handeln erschwert oder gar unmöglich wird.

Zwei der Münzen kann auch sagen: Verzage nicht, wenn du dich momentan von allen Seiten her eingeschränkt oder zur Passivität verurteilt siehst und du dein Lebensschiff als in einem Wellental befindlich erfährst. Nach dem Gesetz der kosmischen Schwingung wird die Umkehr des Zyklus erfolgen und dir die Möglichkeit geben, die ansteigende Energie zu dem zu benutzen, was du tun willst. Du mußt entweder solange geduldig sein, bis die Wende einsetzt, oder dich damit abfinden, daß du zur Verwirklichung dessen, was du tun willst, erheblich mehr Energie aufbringen mußt, als wenn du die Phase der kosmischen Dynamik zeitlich parallel nutzen könntest.

In der astrologischen Sprache ausgedrückt zeigt Zwei der Münzen das ständige Widerspiel von Jupiter und Saturn.

Fragen, die nach dem Ziehen dieser Karte zu stellen sind:

Will mich Zwei der Münzen darauf aufmerksam machen, daß ich für mein Vorhaben oder mein Problem das Gesetz von Rhythmus und Zyklus beachten soll?

Will mich Zwei der Münzen darauf aufmerksam machen, zuzupacken und entschlossen die Gunst der Stunde zu nutzen, oder rät mir Zwei der Münzen, abzuwarten, bis sich der Strom kosmischer Schwingung zu meinen Gunsten ändert?

Beachte den Unterschied zu Vier der Stäbe:
Vier der Stäbe beschränkt den Akzent auf den *Moment,* auf den *Augenblick des Wechsels,* unabhängig vom Einfluß des Rhythmus und Zyklus des kosmischen Energiegesetzes. Dieser zeitlich begrenzte Moment soll beachtet werden.

Zwei der Münzen legt den Akzent auf die längerdauernden Auf- oder Ab-Phasen. Der Moment des Wechsels zwischen zwei Phasen muß selbst bestimmt oder erkannt werden.

Drei der Münzen

Schlüsselbegriffe:
Arbeit (Produktion), Klausur

Bei Drei der Münzen ist darauf zu achten, daß es sich um eine Karte der Reihe der Münzen handelt. Münzen repräsentieren im Tarot das Element Erde, dessen Eigenschaft am besten mit dem Begriff »Verfestigung« beschrieben werden kann. Mit dem Schlüsselwort »Arbeit« ist also eine Tätigkeit gemeint, deren Resultat sich in einer verfestigten, mit den Händen greifbaren Form zeigt, was seinerseits »Produktion« bedeutet. Das ist beispielsweise bei einem Tischler der Fall, der ein Möbelstück anfertigt, oder auch bei einem Schriftsteller oder Komponisten, die am Schluß ihrer Arbeit das ausgeführte Manuskript als handfestes Resultat ihrer Bemühungen vorliegen haben.

Etwas anders sieht es aus, wenn wir als Beispiel einen Postbeamten heranziehen, der Briefe sortiert. Hat er seine Arbeit fleißig und gut gemacht, besteht ihr Resultat darin, daß bei Arbeitsschluß sein Arbeitsplatz leer von Briefen ist, weil er alle an den ihnen bestimmten Ort weiterbefördert hat. Das Ergebnis seiner Arbeit ist nicht handfest greifbar und somit nur mit Schwierigkeiten unter dem Oberbegriff »Produktion« einzuordnen. Dies entwertet seine Arbeit in keiner Weise, sondern gibt ihr nur einen andern Stellenwert, der mit der Karte Drei der Münzen nicht erfaßt werden kann.

Unter den Arbeiten, die unter Drei der Münzen fallen, gibt es solche, die eine volle Konzentration aller zur Verfügung stehenden Kräfte bedingen, und den Dingen, welche nicht mit ihnen – diesen Arbeiten – in direktem Zusammenhang stehen, wenig bis gar keinen Raum lassen. Die Ausführung solcher Arbeiten erfordert eine Zurückgezogenheit, eine Klausur, welche diese totale Konzentration ermöglicht. So kann sich ein Schriftsteller, um sein Buch zu schreiben, aus seiner gewohnten Umgebung entfernen und, solange die Arbeit währt, an einen Ort zurückziehen, wo er von den Einflüssen seiner gewohnten Umgebung abgeschirmt bleibt und sich so ganz seinem Projekt widmen kann. Falls ihm eine örtliche Veränderung nicht möglich ist, kann er auch dafür sorgen, daß er während seiner Arbeit von allen Außeneinflüssen strikt abgeschirmt ist.

Ist das Werk vollendet, kann die Klausur abgebrochen werden, und der »Produzent« kehrt in die Welt zurück. Zu beachten ist aber, daß die Klausur nicht die Hauptbedeutung von Drei der Münzen ist, sondern mehr eine Rahmenbedingung zum Ausdruck bringt, unter welcher ein Produkt unter Umständen entstehen muß.

Fragen, die nach dem Ziehen dieser Karte zu stellen sind:

Will mich Drei der Münzen darauf aufmerksam machen, daß ich in der meine Frage betreffenden Aktivität darauf bedacht sein soll, schlußendlich ein handfestes Resultat vorzulegen?

Will mich Drei der Münzen darauf aufmerksam machen, daß für das Gelingen meines Vorhabens äußerste Konzentration oder sogar zeitweilige Zurückgezogenheit erforderlich sind?

Vier der Münzen

Schlüsselbegriffe:
Mehr als genug, zuviel

Vier der Münzen macht uns darauf aufmerksam, daß von etwas im Leben, in der Situation, die wir hinterfragen, zuviel vorhanden ist. Dies kann dem Bild der Münzen entsprechend ein Zuviel an materiellen Gütern sein, wodurch die Situation des Fragenden eingeengt und seine Handlungsfähigkeit eingeschränkt oder gar aufgehoben ist. Die Münzen symbolisieren aber ganz allgemein eine Energie, die verfestigt und verhärtet. Eine solche hemmende Verhärtung kann durchaus auch geistiger Natur sein, hervorgerufen etwa durch ein allzu einseitiges, beschränktes Denken, das bestimmten Lebensaspekten eine übergroße Aufmerksamkeit zuwendet und andere wichtige Fakten, die geeignet wären, die nötige Ausgewogenheit herzustellen, nicht oder zuwenig beachtet läßt.

Wer in der Tarot-Befragung Vier der Münzen erhält, sollte den hinterfragten Problemkreis daraufhin untersuchen, ob er irgendein Zuviel enthält, das die Bewegungs- und Handlungsfreiheit einschränkt oder gar unmöglich macht. Dieses Zuviel ist immer verbunden mit einer Verhärtung, einem Festgefahrensein, worin zuviel Energie eingebunden ist, welche deshalb für andere, bessere Zwecke fehlt. Es ist oft nicht leicht, solche Zustände des Zuviels zu erkennen, weil die verfestigende und damit auch stabilisierende Energie, dieses Zuviel, die Illusion eines Gleichgewichts hervorzubringen vermag, mit dem man längere Zeit leidlich leben kann, bis dann irgendwann einmal das Ganze unvermeidbar zusammenbricht. Es ist die Situation eines Finanzjongleurs, der zu hohe Schulden gemacht hat und nun seine ganze Energie dazu verwenden muß, entweder die anfallenden Zinsen zu bezahlen oder seine Gläubiger und sich selbst über die wahre Situation zu täuschen. In beiden Fällen ist keine richtige und organische Entwicklung möglich und das Risiko groß, daß das Ganze zusammenbricht und dadurch Schaden für andere und einen selbst entsteht.

Münzen repräsentieren verfestigte Energie, die konserviert und später in transformierter Form verwendet werden kann. Damit wird ein weiterer wichtiger Aspekt von Vier der Münzen angesprochen.

Nehmen wir einmal an, jemand mache eine so hohe Erbschaft, daß er von nun an vom Ertrag dieser Erbschaft leben kann und nicht mehr zu arbeiten braucht. Er kann nun zweierlei tun: Er kann sein Leben egoistisch nach Lust und Laune genießen, tun, was er will und ganz seinen Vergnügungen frönen. Die Energie, die er zu seinem Lebensunterhalt braucht, muß von andern aufgebracht werden, die sich nicht in einer so komfortablen Lage befinden wie der Erbe, was zu einem Zustand der Unausgewogenheit führt. Das Zuviel äußert sich hier in negativer Weise als Ausbeutung, die klar gegen die große kosmische Ordnung gerichtet ist.

Aber der Erbe kann auch anders handeln. Er kann sich sagen: »Gleichzeitig mit meinem Reichtum habe ich Zeit gewonnen. Diese Zeit kann ich verwenden, um mein Mehr-als-genug an materiellem Reichtum wieder in den Zustand der Ausgewogenheit zu bringen.« So kann der Erbe beispielsweise notwendige Leistungen erbringen, die von andern, welche ihren Verdienst zu ihrem Lebensunterhalt benötigen, nicht erbracht werden können. Auf diese Weise braucht sich der Erbe nicht von seinem Reichtum zu trennen, um die Balance wieder herzustellen, denn er hat die Möglichkeit, durch Transformation der materiellen Energie wiederum Ausgleich zu erlangen. Es gibt viele Möglichkeiten, ein Mehr-als-genug durch Transformation wieder ins Gleichgewicht zu bringen – und nicht nur, was materielle Güter betrifft.

Fragen, die nach dem Ziehen dieser Karte zu stellen sind:

Will mich der Tarot durch Vier der Münzen darauf aufmerksam machen, daß ich die Möglichkeit habe oder nach Möglichkeiten suchen soll, mein Mehr-als-genug durch Transformation zur Ausgewogenheit zu bringen?

Will mich Vier der Münzen darauf aufmerksam machen, daß ich, mein Problem betreffend, in irgendeinen Aspekt desselben zuviel Energie investiere und dadurch unfähig werde, den natürlichen Weg zur Lösung zu finden?

Fünf der Münzen

Schlüsselbegriff:
Real zu wenig

Das Grundprinzip des Kosmos ist Ausgewogenheit. Alles soll sich zur richtigen Zeit am richtigen Ort in der richtigen Menge befinden. Aber es gibt Situationen, in denen dieser Zustand nicht vorhanden ist und wo auch keine Möglichkeit besteht, ihn herbeizuführen. Das ist dann der Fall, wenn über eine gewisse Zeit hinweg ein *Zuviel* (Vier der Münzen) bestanden hat. Um die Ausgewogenheit wieder herzustellen, ist dann ein entsprechendes *Zuwenig* nötig, das ertragen und akzeptiert werden muß.

Damit kommt das Gesetz des Karmas zur Auswirkung. Dieses Gesetz des Karmas wird sehr häufig dahingehend mißverstanden, daß es sich von einer Inkarnation zur anderen auswirkt und spürbar wird. Dies ist indessen eher die Ausnahme und gilt dann, wenn ein karmisches Problem nicht innerhalb einer Inkarnation gelöst wird oder gelöst werden kann, weil das Problem entweder zur Auflösung in einer Inkarnation zu groß ist oder die Notwendigkeit zur Lösung und Aufarbeitung vom betreffenden Menschen zunächst nicht bewußt erkannt oder zurückgewiesen wird.

Nicht nur die große Lebensproblematik, die meist deutlich zu erkennen ist, untersteht dem Gesetz des Karmas, sondern dies tun ebensosehr die kleinen Probleme, die uns oft zu geringfügig, zu wenig schicksalhaft erscheinen, als daß wir sie in Verbindung mit dem Gesetz des Karmas sehen.

Fünf der Münzen will uns gerade auf diese kleineren Probleme aufmerksam machen und zu deren Lösung auffordern, denn die meisten karmischen Probleme werden uns während derjenigen Inkarnation zur Bewältigung präsentiert, in der wir sie erschaffen haben. Zwischen Entstehung und Auflösung können Tage, Wochen, Monate, Jahre, Jahrzehnte liegen. Wichtig ist, daß wir den Ursprung innerhalb ein und derselben Inkarnation suchen und verstehen lernen. Erst dann, wenn wir diesen Bezug auf die gegenwärtige Inkarnation trotz sorgfältiger Untersuchung nicht finden können, dürfen wir an ein inkarnationsübergreifendes Problem denken.

Fünf der Münzen kann auch zum Ausdruck bringen, daß zur Bereinigung eines unausgewogenen Zustandes des Zuwenigs die momentane Situation nicht geeignet ist. Dies muß der Fragende auch in diesem Falle ertragen und akzeptieren lernen, aber bewußt und achtsam nach dem Moment oder der Möglichkeit Ausschau halten, da sich die Situation ändert und der Ausgleich möglich wird.

Die Frage, die nach dem Ziehen dieser Karte zu stellen ist:

Will mich Fünf der Münzen darauf hinweisen, daß ein Zustand des »Real zu wenig« ertragen werden muß, entweder um ein karmisches Problem zur Auflösung zu bringen oder bis Zeit und Umstände dazu reif sind, daß Änderung und Ausgleich möglich werden?

Beachte den Unterschied zu Vier der Kelche:

Vier der Kelche repräsentiert einen Zustand des »scheinbar Zuwenig«. Im Grunde ist alles da, was wir brauchen, um das betreffende Problem zu klären und zu lösen. Das Zuwenig besteht in unserem Denken, in einer mangelhaften Wahrnehmung des Ganzen. Vier der Kelche fordert dazu auf, unseren Blickwinkel zu verändern oder zu vergrößern, bis wir imstande sind zu erkennen, daß alles vorhanden ist, um die gestellte Aufgabe lösen zu können.

Sechs der Münzen

Schlüsselbegriffe:
Vorleistung – Ergänzung

Die Energie dieser Karte wird am besten durch eine Einzelheit im biblischen »Gleichnis vom verlorenen Sohn« ausgedrückt. Jesus erzählt in diesem Gleichnis (NT, Lukas 15,11–32), wie der Sohn aus seinem Vaterhaus auszog, um die Welt kennenzulernen, und nach mancherlei auch leidvollen Erfahrungen zurückkehrt. »Als er noch fern war, sah ihn sein Vater und fühlte Erbarmen, lief hin, fiel ihm um den Hals und küßte ihn.«

Das Entgegenkommen des Vaters und seine Begegnung mit dem Sohn, noch bevor dieser das Vaterhaus erreicht hat, drücken aus, was mit Vorleistung – Ergänzung gemeint ist. Das erste, was geschehen muß, ist der Entschluß des Sohnes, nach Hause zum Vater zurückzukehren. Das Zweite besteht darin, seinen Entschluß in die Tat umzusetzen, und zwar – darauf kommt es an – ohne von vornherein zu wissen, ob seine Absicht von Erfolg gekrönt sein wird. Es könnte ja sein, daß der Sohn den Weg nicht mehr weiß oder – falls er sein Ziel erreicht – daß er vom Vater abgewiesen und verstoßen wird. Indem der Sohn ohne Gewißheit auf Erfüllung seiner Hoffnung den Versuch wagt, gibt er eine Vorleistung. Diese Vorleistung ist ein Teil des Ganzen, welches erst erfüllt ist, wenn von der anderen Seite her die Ergänzung erfolgt, auf die der Vorleistende angewiesen ist. Im Falle des Gleichnisses besteht die Ergänzung darin, daß der Vater dem Sohn das restliche Stück Weg entgegengeht, damit die Versöhnung die Ganzheit werden kann.

In unserem Alltag gibt es zahlreiche Situationen, in denen anstehende Probleme nur angegangen werden können, indem vertrauensvoll eine Vorleistung als Teil einer Lösung eingebracht wird, in der Hoffnung oder im Vertrauen darauf, daß das zur vollständigen Lösung noch Fehlende von einer anderen Seite her ergänzt werden wird. Man beachte aber dabei genau, daß die Vorleistung, die man erbringt, nicht automatisch dazu führt, daß die benötigte Ergänzung von der anderen Seite auch gegeben wird. Erfolgt sie nicht, muß das Problem vorerst ungelöst bleiben. Der Fragende weiß dann aber, daß die Lösung des Problems nicht von ihm allein abhängt, und durch die Erbringung der Vorleistung er seine Bereitschaft und den Beweis zum Ausdruck gebracht hat, seinen Teil zur Lösung beitragen zu wollen.

Diese Haltung wird dann besonders wichtig, wenn in der Hinterfragung eines Problems die karmische Ebene berührt wird. (Sechs der Münzen hat in dieser Beziehung eine starke Verbindung zu Fünf der Münzen und kann gewissermaßen als deren Fortsetzung betrachtet werden.) Wenn beispielsweise mehrere Personen in einer ungelösten karmischen Beziehung miteinander verknüpft sind, kann das Karma selbst nur gelöst werden, wenn alle Beteiligten den ihnen zukommenden Teil dazu beigetragen haben. Das ist längst nicht immer der Fall, weil einige eher dazu bereit sind als andere. Wer aber von dieser Bereitschaft erfüllt ist und ehrlich seinen Teil als Vorleistung erbringt, wird sehr oft die Erfahrung machen, daß er von da an aus der karmischen Verknüpfung herausgelöst ist und seinen weiteren Weg ohne Behinderung fortsetzen kann, während andere noch im Knoten verharren müssen, bis ihre Einsicht gereift ist.

Dies gilt übrigens auch für andere Formen von Karma. Manchmal erlebt der mit seinem Karma Konfrontierte, daß es gelöst ist, sobald er zur Lösung bereit ist. Eine solche Bereitschaft wird offenbar in manchen Fällen von den Hütern des Karmas als Vorleistung akzeptiert: Sie erlassen dann im Gegenzug als Ergänzung die Materialisation des Karmas, damit der betreffende Mensch seinen weiteren Weg gehen kann, ohne daß seine Kräfte in die materielle Lösung des Karmas eingebunden bleiben, was sich als Verzögerung auswirken würde. Das ist es wahrscheinlich, was Jesus mit dem Wort »Gnade« meinte.

Sechs der Münzen erscheint oft in Kombinationen, die der Hinterfragung eines Partnerschaftsproblems gewidmet sind. Die Karte bringt dann zum Ausdruck, daß keine Lösung des Problems erfolgen kann, wenn beide Partner abweisend im Abseits verharren. Einer von ihnen muß vertrauensvoll eine Vorleistung erbringen, auch wenn keine Garantie damit verbunden ist, daß die Ergänzung von der anderen Seite erfolgt. Aber dann herrscht wenigstens Klarheit, aus der heraus die weiteren notwendigen Schritte erfolgen können.

Die Frage, die nach dem Ziehen dieser Karte zu stellen ist:

Ich kann das hinterfragte Problem offenbar nicht allein lösen. Was aber kann ich als Vorleistung zur Lösung tun, damit als Antwort darauf gegebenenfalls von anderer Seite die Ergänzung erfolgen kann?

Sieben der Münzen

Schlüsselbegriff:
Frustration

Frustration ist das aus vergeblichem Bemühen resultierende Gefühl. Zur Illustration stelle man sich einen Gärtner vor, der im Herbst bei starkem Wind in seinem Garten das von den Bäumen herabgefallene Laub zusammenkehren will. Die heftigen Windböen wirbeln das angehäufte Laub immer wieder durcheinander, und es liegt wie zuvor verstreut im ganzen Garten herum. Wenn der Gärtner einige Male nacheinander diese Erfahrung gemacht hat, ist unweigerlich ein Gefühl der Frustration vorhanden.

Was läuft in diesem Falle schief? Das Zusammenkehren des Laubes kann es nicht sein, ist dies doch eine nützliche, ja sogar notwendige Tätigkeit, um den Garten in einem guten Zustand in die Winterruhe gehen zu lassen. Auch der Wind kann nicht für die Frustration verantwortlich gemacht werden. Er weht, wann und wo er will, und es ist Aufgabe des stürmischen Herbstwindes, die Bäume von den welken Blättern zu befreien.

Was die Frustration auslöst, ist das Zusammentreffen von zwei an und für sich richtigen Komponenten zur falschen Zeit oder am falschen Ort. Der Gärtner hat den Fehler gemacht, das Laub ausgerechnet dann zusammenkehren zu wollen, als die herrschenden Windverhältnisse den Erfolg seiner Arbeit verhinderten. Hätte er sein Vorhaben nach den bestehenden Verhältnissen ausgerichtet, wäre ihm die Frustration erspart geblieben.

Es ist Sache des Menschen, in unserem Beispiel des Gärtners, seine Arbeiten zu planen und entsprechend zu disponieren, notfalls zu verändern und den Verhältnissen anzupassen, die außerhalb seiner Einflußmöglichkeiten liegen. Unterläßt er dies, ist unweigerlich Frustration die Folge.

Sieben der Münzen macht uns also darauf aufmerksam, daß Gefahr besteht oder der Umstand bereits eingetreten ist, daß wir unsere Plansetzung und Zielvorstellungen nicht mit der vorhandenen Situation in Übereinstimmung bringen und somit ein mangelndes Realitätsbewußtsein an den Tag legen, dessen Folge Frustration ist.

Astrologisch betrachtet entspricht Sieben der Münzen einem Mars-Saturn-Aspekt.

Die Frage, die nach dem Ziehen dieser Karte zu stellen ist:

Will mich Sieben der Münzen darauf aufmerksam machen, daß meine Frustration in der hinterfragten Situation daher rührt, daß ich etwas – an und für sich Richtiges – zum falschen Zeitpunkt durchführen will oder daß ich zum richtigen Zeitpunkt etwas unternehmen will, das mit dieser Zeitqualität nicht in Übereinstimmung zu bringen ist?

Beachte den Unterschied zu Drei der Schwerter:

Bei Drei der Schwerter ist die äußere Situation im Moment unveränderbar, und mein Handeln muß sich dieser Situation fügen.

Bei Sieben der Münzen können sich äußere Situation und Handeln laufend verändern. Es ist hier darauf zu achten, den Augenblick zu erwischen, in dem gegebene äußere Umstände und das eigene Handeln einander entsprechen und somit Erfolg möglich ist.

Acht der Münzen

Schlüsselbegriffe:
Sammeln, ordnen

Acht der Münzen beinhaltet als Grundsituation eine stabile Struktur, die momentan nicht verändert werden kann. Dennoch ist in dieser Karte die Aufforderung enthalten, zu handeln und uns also zu überlegen, wie wir das tun können.

Als Beispiel wollen wir einen Briefmarkensammler nehmen, dessen finanzielle Möglichkeiten ihm bisher erlaubten, laufend neue seltene und wertvolle Briefmarken zu erwerben und so seine Sammlung auszubauen. Durch eine Veränderung der wirtschaftlichen Situation verschlechtert sich die finanzielle Lage des Briefmarkensammlers, weshalb er nicht mehr imstande ist, neue Erwerbungen zu tätigen. Er will aber die gleiche Energie in seine Sammlung investieren wie bisher. Was bleibt ihm zu tun?

Er kann nun darangehen, lange Vernachlässigtes aufzuarbeiten. So wird ihm vielleicht bewußt, daß er seine Sammlung zwar laufend erweitert hat, aber nicht dazu gekommen ist, die Übersicht zu wahren. Er beschließt, ein Verzeichnis seiner Sammlung zu erstellen. Während dieser Arbeit wird er vielleicht bemerken, daß durch seine häufigen, manchmal konzeptionslosen Ankäufe seine Sammlung uneinheitlich geworden ist und auszuufern droht. Somit entschließt er sich, ihr einen gewissen Rahmen zu geben, Akzente zu setzen, Spezialgebiete zu pflegen und was dergleichen mehr ist. Alle diese Vorhaben lassen sich in der einengenden Struktur der momentanen Situation mit dem gleichen Engagement und der gleichen Energie verwirklichen.

Dieses Beispiel erfaßt ziemlich genau die Energie, die in Acht der Münzen enthalten ist. Die äußere Struktur, die mit dem hinterfragten Problem verbunden ist, ist momentan verhärtet und kann vom Fragenden weder verändert noch durchbrochen werden. Die Aktivität muß also notgedrungen von außen nach innen verlegt werden, von der Extraversion zur Intraversion. Es ist dies *die* Gelegenheit, nachzuholen und zu bearbeiten, was bisher wegen der dynamischen Entwicklung der äußeren Umstände notgedrungen liegengeblieben ist. Dies kann auch die momentane Abwendung von der äußeren Karriereentwicklung hin zur intensiveren Persönlichkeitsentwicklung bedeuten, die Chance, das Innere mit dem Äußeren wieder in Einklang zu bringen.

Der Schlüsselbegriff *Sammeln* ist hier gerade nicht im Sinne von Vermehrung und Erwerb zu verstehen. Er meint beispielsweise den Feldherrn, der seine durch das dynamische Kriegsgeschehen verstreuten Truppen sammelt und neu konzentriert, um sie dann mit erhöhter Schlagkraft erneut in den Kampf zu führen. In diesem Sinne kann in einzelnen Fällen der Begriff *Sammeln* auch als Hinweis zur Meditation, zur inneren Sammlung, verstanden werden.

Die Frage, die nach dem Ziehen dieser Karte zu stellen ist:

Will mich Acht der Münzen darauf aufmerksam machen, daß mir in einer Situation, in der die Umstände jede expansive Veränderung verhindern, die Möglichkeit oder Aufgabe zugewiesen wird, längst Versäumtes nachzuholen, zu ordnen, mich zu sammeln oder meine Aufmerksamkeit mehr dem inneren Geschehen zuzuwenden?

Neun der Münzen

Schlüsselbegriff:
Wachstum

Alle Münzen-Karten des Tarot enthalten als gemeinsame Energie das Element Erde, welches Verfestigung bedeutet. In Neun der Münzen zeigt sich diese Verfestigung als Lebendigkeit.

In einer verfestigten, materiellen Form erkennen wir diese Lebendigkeit in der Veränderung, die mit dieser materiellen Form aus sich selbst heraus geschieht. Dieser Vorgang läßt sich am besten durch den Begriff *Wachstum* zum Ausdruck bringen. Bei einer Pflanze, die über wenig bis keine sonstigen Bewegungsmöglichkeiten verfügt, ist Wachstum Ausdruck dieser Lebendigkeit. Solange eine Pflanze wächst, ist sie lebendig, und diese Lebendigkeit zeigt sich in mancherlei Stadien und Formen vom Keimling über die Blüte bis hin zur reifen, erntebereiten Frucht. Jede dieser Formen wächst aus der vorhergehenden hervor und führt weiter zur nächsten.

Bei der Tarot-Befragung ist dieses Wachstum nicht nur in einem materiellen Sinne zu verstehen. Wachstum bedeutet hier alles, was den Menschen auf seinem Entwicklungsweg weiterführt, was ihm neue Horizonte und Möglichkeiten eröffnet, die wahrzunehmen er nicht imstande wäre, ohne daß er sich diesem Wachstumsprozeß bewußt unterzieht.

Neun der Münzen will uns dazu anhalten, die Situation, die sich für uns als problematisch oder gar schmerzhaft darstellt, daraufhin zu untersuchen, wo und inwiefern sich uns die Gelegenheit bietet, daran zu wachsen und dadurch zu einem erweiterten, das heißt weiter gewachsenen Bewußtsein zu kommen. Auf eine höhere Ebene vielleicht, von welcher aus uns auch unsere Frage und unser Problem in einem anderen Licht erscheinen oder sogar aufhören, ein Frage oder ein Problem zu sein. Immer aber ist es der Prozeß des Wachsens und Reifens, auf den wir hingewiesen werden.

Die Frage, die nach dem Ziehen dieser Karte zu stellen ist:
Will mich der Tarot mit Neun der Münzen darauf hinweisen, daß in der Situation, im Problem, das ich hinterfrage, eine Chance zu Wachstum und Reifung enthalten ist, und mich dazu anhalten, meine Energie weg vom Erleiden der Problematik hin zu diesem Wachstumsprozeß zu führen?

Beachte den Unterschied zu III Die Herrscherin:
Die Herrscherin legt den Akzent auf die Möglichkeit, das Problem mittels des mir zur Verfügung stehenden Potentials der *Kreativität* zu lösen.

Neun der Münzen lenkt die Aufmerksamkeit auf die *Energie des Wachstumsprozesses,* der nur eine Möglichkeit unter andern ist, mittels derer sich Kreativität verwirklichen kann.

Zehn der Münzen

Schlüsselbegriffe:
Wohl-Stand, es stimmt

Nicht immer ist, was uns als Problem erscheint, wirklich ein Problem. Manches in unserem Leben als Problem Empfundene machen wir erst durch unser Denken und durch unsere momentane psychische oder geistige Einstellung dazu. Auf diesen Umstand will Zehn der Münzen aufmerksam machen.

Man beachte, daß der Schlüsselbegriff Wohl-Stand mit Bindestrich geschrieben ist. Das Wort Wohlstand hat in der allgemeinen Sprachbedeutung den Inhalt von vorwiegend materiellem Reichtum angenommen. Das zeigt, wie sehr wir dazu neigen, Glück und Zufriedenheit mit dem reichlichen Vorhandensein von materiellen Gütern in Zusammenhang zu bringen, ohne uns weiterführende Gedanken darüber zu machen. Dabei drückt die wörtliche Bedeutung von Wohlstand in einer umfassenderen Weise aus, daß alles *wohl steht.* Wenn etwas wohl steht, dann stimmt die Situation, in der wir uns befinden, für uns, unabhängig davon, ob damit materieller Wohlstand verbunden ist oder nicht. Gewiß kann auch dieser materielle Wohlstand im Schlüsselbegriff enthalten sein, denn das geflügelte Wort, daß Geld allein nicht glücklich macht, aber Sicherheit und Ruhe vermittelt, hat durchaus seine Berechtigung.

Aber Zehn der Münzen will uns darauf aufmerksam machen, daß es darauf allein nicht ankommt, sondern daß das »Stimmige« in einem viel umfassenderen Sinne verstanden werden sollte. Zehn der Münzen will uns dazu anregen, unseren Blickwinkel zu verändern und auszuweiten. Die Botschaft der Karte lautet: Was du als Problem betrachtest, ist in Wirklichkeit gar keines. Dein falsches oder eingeschränktes Denken macht es erst dazu. Sobald du dein Denken und deinen Blickwinkel veränderst und erweiterst und dich bemühst, wirklich die ganze Realität zu erkennen, wirst Du feststellen, daß in Tat und Wahrheit alles wohl steht und stimmt, so wie es ist. Das ist vielleicht nicht gleich auf den ersten Blick zu erkennen, aber wenn du dich bemühst und zur Veränderung deines momentanen Standpunktes bereit bist, wirst du früher oder später erkennen, daß es sich so verhält, und daß das, was dir geschieht, zu deinem Wohl ist, auch wenn du es im Augenblick vielleicht als negativ und unangenehm empfindest. Sobald du diese Sichtweise erlangst, wird das Problem aufhören, ein Problem zu sein.

Fragen, die nach dem Ziehen dieser Karte zu stellen sind:

Will mich Zehn der Münzen darauf hinweisen, daß mein Problem, das mit meiner Frage verbunden ist, in Wirklichkeit gar keines ist?

Will mich Zehn der Münzen darauf aufmerksam machen, daß ich in bezug auf das Problem, das mich beschäftigt, meine Sichtweise ändern muß, um zu erkennen, daß im Grunde alles wohl steht und stimmt, so wie es ist?

König der Stäbe

KÖNIG der STÄBE

Schlüsselbegriff:
Wahrnehmung durch Intuition

Wie alle Könige in der Reihe der Hofkarten beinhaltet der König der Stäbe das Thema Wahrnehmung. Wahrnehmung bedeutet, einer Sache Aufmerksamkeit schenken, ohne zu bewerten oder Schlußfolgerungen zu ziehen.

König der Stäbe bedeutet Wahrnehmung durch *Intuition.* Intuition heißt Eingebung, ahnendes Erfassen. Merkmal der Intuition ist, daß man von der Richtigkeit und Wirklichkeit einer Sache überzeugt ist, auch wenn man keine Begründung oder Erklärung dafür zu geben imstande ist. Man weiß einfach, daß es sich so verhält, und jedes weitere Handeln ergibt sich dann aus diesem ahnenden Gefühl heraus. Zu beachten ist dabei, daß Intuition nicht automatisch zur Wirklichkeit einer Sache führt; auch Intuition kann manchmal irren. Deshalb ist es notwendig, jede intuitive Wahrnehmung auf ihren Realitätsgehalt hin nachträglich, soweit dies möglich ist, zu überprüfen.

Wenn der Tarot König der Stäbe gibt, dann will er darauf hinweisen, daß das hinterfragte Problem zunächst einmal mittels der intuitiven Wahrnehmung anzugehen ist, ohne sich lange mit logischen und vernünftigen Begründungen und Erklärungen abzusichern.

Die Frage, die nach dem Ziehen dieser Karte zu stellen ist:
Will mich der Tarot mit König der Stäbe darauf aufmerksam machen, das hinterfragte Problem vorerst ganz intuitiv zu erfassen und wahrzunehmen, um mich in meinem Handeln zunächst von dieser Intuition leiten zu lassen?

Königin der Stäbe

Schlüsselbegriffe: Intuitives Wissen, Formulierung (dessen, was intuitiv wahrgenommen wird)

Wie alle Königinnen hat auch die Königin der Stäbe die Aufgabe, das zu definieren und zu benennen, was der König wahrgenommen hat.

Intuition ist meist wortlos und löst oft (wie etwa im Straßenverkehr) Handlungen aus, die erst nachträglich vom Bewußtsein erfaßt und in Worte gebracht werden können. Die Königin der Stäbe ist einer weisen Frau vergleichbar, die durch die Wälder wandert, Pflanzen sieht, erspürt und dann intuitiv weiß, daß dieses Kraut ein Heilmittel gegen Magenbeschwerden ist und jenes den Augen gut tut. Eine Begründung, warum dies so ist, kann die weise Frau nicht geben; sie verfügt über keine Kenntnisse in der naturwissenschaftlichen Botanik, der Pharmakologie oder der Chemie. Sie *weiß* einfach *intuitiv*, daß es sich so verhält, und die Erfahrung gibt ihrem intuitiven Wissen recht. Worauf es bei der Königin der Stäbe ankommt, ist, das wortlos Gespürte und Erahnte in Worte zu bringen, es zu formulieren und dadurch auch für andere zugänglich und überprüfbar zu machen.

Wenn der Tarot Königin der Stäbe gibt, dann will er dazu auffordern, beim hinterfragten Problem nicht bei vagen Ahnungen zu bleiben, sondern diese Ahnungen ins Bewußtsein zu heben und klar zu benennen.

Die Frage, die nach dem Ziehen dieser Karte zu stellen ist:
Will mich der Tarot mit Königin der Stäbe darauf hinweisen, daß es zur Lösung des hinterfragten Problems wichtig ist, sich nicht mit vagen und undefinierten Ahnungen und Eingebungen zufriedenzugeben, sondern diese auf die Ebene der Bewußtheit zu bringen und mit klaren Worten zu formulieren und zu benennen?

Ritter der Stäbe

Schlüsselbegriff:
Durchdrungenheit

Wie alle Ritter in der Reihe der Hofkarten, repräsentiert auch der Ritter der Stäbe die Ebene des Handelns, der Aktion.

Die Aktion des Ritters der Stäbe geschieht aus der Intuition, der unmittelbaren Eingebung heraus. Der Ritter der Stäbe überlegt nicht lange, sondern geht sofort, je nach seiner augenblicklichen Stimmung, in die entsprechende Aktion über. *Er reagiert aus seiner unmittelbaren Betroffenheit heraus.* Was den Ritter der Stäbe in seinem Handeln kennzeichnet, sind Überzeugung und Engagement, von welchen er ganz und gar *durchdrungen* ist. Aus einer solchen Durchdrungenheit heraus erfolgt in den meisten Fällen ein impulsives Handeln, ohne langes vorheriges Abwägen des Dafür und Dagegen, ganz so, wie es ihm die Intuition im Moment eingibt.

Wenn der Tarot Ritter der Stäbe gibt, kann er damit zum Ausdruck bringen, daß im hinterfragten Problem ein rasches, impulsives Handeln aus der Situation heraus angezeigt ist.

In einzelnen Fällen, wenn ein Mißerfolg oder ein nicht den eigenen Vorstellungen entsprechendes Resultat hinterfragt wird, kann Ritter der Stäbe auch eine *Warnung* aussprechen *vor unüberlegtem Handeln* aus dem Affekt heraus oder begründen, warum die Situation sich nicht unseren Absichten und Wünschen entsprechend entwickelt hat. Ob

Ritter der Stäbe Anweisung oder Warnung bedeutet, muß dann im Einzelfall sorgfältig untersucht und bedacht werden.

Fragen, die nach dem Ziehen dieser Karte zu stellen sind:

Will mich der Tarot mit Ritter der Stäbe dazu ermuntern, rasch und nur auf meine Intuition vertrauend zu handeln, sofern ich von meiner Motivation überzeugt und durchdrungen bin?

Will mich Ritter der Stäbe vor unbedachtem und impulsivem Handeln warnen, das im hinterfragten Problem mehr schaden als nützen würde?

Bube der Stäbe

Schlüsselbegriff: Aktivierung eines (noch) vorhandenen Potentials

Wie alle Buben in der Reihe der Hofkarten vertritt auch der Bube der Stäbe die *Konkretisierung*, das Resultat, das sich aus einer Aktion heraus ergibt.

Beim Buben der Stäbe besteht diese Konkretisierung in der Aktivierung eines vorhandenen oder noch vorhandenen Potentials. Bube der Stäbe kann vom Tarot beispielsweise als Antwort auf eine Frage gegeben werden, die zu einer Partnerschaftskrise gestellt wird. Die gegebene Karte macht den oder die Fragenden darauf aufmerksam, daß in ihrer Beziehung trotz allem noch Feuer und Wärme vorhanden ist, wie Glut, die nicht sichtbar ist, weil sie von der Asche der hinterfragten Krise zugedeckt ist. Räumt man die Asche beiseite und legt neues Reisig auf die Glut, kann das Feuer wieder neu entflammen. Immer, wenn der Tarot Bube der Stäbe gibt, will er damit darauf aufmerksam machen, daß alle nötigen Voraussetzungen gegeben oder noch vorhanden sind – auch wenn sie durch die Umstände bedingt zugeschüttet und nicht wahrnehmbar sind. Und immer ist damit eine Aufforderung zur Aktivierung und Neubelebung dessen verbunden, was zugeschüttet oder verborgen ist.

Die Frage, die nach dem Ziehen dieser Karte zu stellen ist:

Will mich der Tarot mit Bube der Stäbe darauf aufmerksam machen, daß eigentlich alle Voraussetzungen gegeben oder noch vorhanden sind, um das hinterfragte Problem zu lösen, und daß ich nur danach suchen und das Gefundene aktivieren oder neu beleben muß?

König der Kelche

Schlüsselbegriff:
Gefühlswahrnehmung

Wie alle Könige in der Reihe der Hofkarten beinhaltet der König der Kelche das Thema Wahrnehmung. Wahrnehmung bedeutet, einer Sache Aufmerksamkeit schenken, ohne zu bewerten oder Schlußfolgerungen zu ziehen.

König der Kelche bedeutet Wahrnehmung mittels des *Gefühls* oder Wahrnehmung der Gefühle. Wenn der Tarot König der Kelche gibt, kann dies zweierlei bedeuten. Es kann heißen, daß der Tarot darauf aufmerksam machen will, daß das hinterfragte Problem hauptsächlich von der Gefühlsebene aus erfahren ein Problem ist und vielleicht von einer mehr rationalen, intellektuellen Ebene aus betrachtet nicht ohne weiteres auch wirklich eines ist. Dann geht es darum, sich dieses Umstandes bewußt zu werden und wahrzunehmen, welche Rolle unsere Gefühle und Emotionen dabei spielen.

Ferner kann der Tarot den Fragesteller mit König der Kelche dazu auffordern, seine Gefühle und Emotionen wahrzunehmen und das hinterfragte Problem zunächst einmal von der Gefühlsebene aus zu betrachten, um sich dann bei der Lösung des Problems mehr von den Gefühlen als von rationalen Überlegungen leiten lassen.

Fragen, die nach dem Ziehen dieser Karte zu stellen sind:

Will mich der Tarot mit König der Kelche darauf aufmerksam machen, daß die hinterfragte Situation sich mehr durch meine Gefühle und in meinen Gefühlen als Problem zeigt, ohne daß es nüchtern betrachtet wirklich eines ist?

Will mich der Tarot mit König der Kelche darauf hinweisen, bei der Betrachtung und Lösung des hinterfragten Problems auf meine Gefühle zu achten und zu lauschen?

Königin der Kelche

Schlüsselbegriff: Definition und Benennung der Gefühle

Wie alle Königinnen hat auch die Königin der Kelche die Aufgabe, das zu definieren und zu benennen, was der König wahrgenommen hat.

Wenn der König der Kelche wahrgenommen hat, daß beim hinterfragten Problem Gefühle eine wichtige Rolle spielen, so ist es nun an der Königin der Kelche, diesen Gefühlen den richtigen und zutreffenden Namen zu geben. Das ist besonders wichtig, weil manche Gefühle sich mit äußerlich gleichen körperlichen Symptomen bemerkbar machen, aber einen vollkommen verschiedenen Hintergrund haben. So können Verliebtheit und Zorn sich fühlbar auf gleiche oder zumindest sehr ähnliche Weise zum Ausdruck bringen. Sowohl der Verliebte wie der Zornige registrieren Herzklopfen, Erröten, Unruhe und so weiter. Da ist es besonders wichtig, daß diese Gefühle mit dem richtigen, das heißt mit einem mit der Situation übereinstimmenden Namen erfaßt werden, so daß die der Situation entsprechende Aktion erfolgt. Diese Aktion kann bei gleicher oder doch ähnlicher Symptomatik diametral entgegengesetzt sein.

Wenn der Tarot Königin der Kelche gibt, dann will er den Fragesteller dazu auffordern, sich seiner Gefühle in bezug auf das hinterfragte Problem bewußt zu werden. Es geht nicht nur darum, sich darüber klarzuwerden, *daß* Gefühle in diesem Falle eine wichtige Rolle spielen, sondern sich genau bewußt zu werden, um *welche* Gefühle es sich handelt und mit welchem Namen sie zu benennen sind. Dies ist die wichtige Voraussetzung zum richtigen Handeln aus dieser Gefühlssituation heraus.

Die Frage, die nach dem Ziehen dieser Karte zu stellen ist:
Will mich der Tarot mit Königin der Kelche darauf aufmerksam machen, wie wichtig es ist, daß ich mir über meine Gefühlslage vollkommen im klaren bin, daß mir bewußt ist, welche Gefühle mich bewegen, damit ich aus dieser Erkenntnis heraus zu richtigem Handeln in der Lage bin?

Ritter der Kelche

Schlüsselbegriff:
Gefühlsausdruck

Wie alle Ritter in der Reihe der Hofkarten repräsentiert auch der Ritter der Kelche die Ebene des Handelns, der Aktion.

Gefühle sind ein Zustand; wenn Gefühle etwas bewirken oder in Bewegung bringen sollen, müssen sie ausgedrückt werden. So kann ein Verliebter nur dann darauf hoffen, an das Ziel seiner Wünsche zu gelangen, wenn er dem Menschen, in den er verliebt ist, seine Gefühle zum Ausdruck bringt. Auf welche Weise dies geschieht – ob schriftlich oder in der persönlichen Gegenwart im Gespräch oder auf irgendeine andere Weise –, ist vom Tarot her gesehen weniger wichtig als der Umstand, daß es überhaupt geschieht. Manche Menschen tun sich mit dem Ausdruck ihrer Gefühle schwer. Dies ist an und für sich verständlich, denn jeder Gefühlsausdruck, besonders wenn er einseitig erfolgt, bietet nicht nur die Gelegenheit zur positiven Kommunikation, sondern ist auch mit dem Risiko der Zurückweisung und Ablehnung verbunden.

Wenn der Tarot Ritter der Kelche gibt, will er den Fragesteller dazu ermuntern, seine Gefühle offen zu zeigen, selbst auf das Risiko hin, mißverstanden oder abgelehnt zu werden. Das hinterfragte Problem ist nämlich nur zu lösen, wenn der Fragesteller eventuell vorhandene Hemmungen überwindet und sich und seine Gefühle offen zeigt. So gesehen ist Ritter der Kelche in vielen Fällen auch eine Aufmunterung zur Kommunikation.

Die Frage, die nach dem Ziehen dieser Karte zu stellen ist:
Will mich der Tarot mit Ritter der Kelche dazu ermuntern, meine Gefühle in bezug auf das hinterfragte Problem oder die hinterfragte Situation offen zu zeigen und das damit verbundene Risiko auf mich zu nehmen?

Bube der Kelche

Schlüsselbegriff:
Gefühlsverwirklichung

Wie alle Buben in der Reihe der Hofkarten vertritt auch der Bube der Stäbe die *Konkretisierung*, das Resultat, das sich aus einer Aktion heraus ergibt.

Beim Buben der Kelche geht es darum, den Gefühlszustand, in dem man sich befindet, nicht nur auszudrücken (wie beim Ritter der Kelche), sondern in den persönlichen Lebensumständen zu verwirklichen, das heißt zu manifestieren. Ein Beispiel, was damit gemeint ist, sind etwa zwei Menschen, Mann und Frau, die sich lieben. Sie sind mit der Aufgabe konfrontiert, nach einer Möglichkeit zu suchen, die ihnen erlaubt, ihre Gefühle füreinander materiell zu leben, das heißt, konkret zu verwirklichen. Dazu gibt es verschiedene Möglichkeiten: Sie können eine Ehe eingehen oder, weniger verbindlich, eine Wohngemeinschaft begründen, sie können zusammen in die Ferien gehen und so weiter. All das sind Möglichkeiten, vorhandene Gefühle zu konkretisieren, zu verwirklichen.

Dies ist nur ein Beispiel unter vielen, wobei die ganze Thematik des Buben der Kelche nicht nur auf die Beziehungsebene anzuwenden ist.

Wenn der Tarot Bube der Kelche gibt, dann ist damit immer die Aufforderung verbunden, die vorhandenen Gefühle in irgendeiner Weise zu konkretisieren, also zu materialisieren, damit sie Frucht tragen können.

Die Frage, die nach dem Ziehen dieser Karte zu stellen ist:
Will mich der Tarot mit Bube der Kelche dazu auffordern, die Gefühle, die mich in bezug auf das hinterfragte Problem bewegen, nicht nur auszudrücken (das wäre Ritter der Kelche), sondern sie in ein konkretes Resultat zu bringen, ihnen also eine materielle Grundlage zu geben, auf der sie gelebt werden können?

Beachte den Unterschied zu Zehn der Kelche:
Zehn der Kelche macht auf die Möglichkeit der Gefühlsmaterialisierung aufmerksam, die spontan und ohne viel eigenes Zutun erfolgen kann. Bube der Kelche fordert auf, die Gefühle aktiv zu konkretisieren.

König der Schwerter

Schlüsselbegriff:
Analyse

Wie alle Könige in der Reihe der Hofkarten beinhaltet der König der Schwerter das Thema Wahrnehmung. Wahrnehmung bedeutet, einer Sache Aufmerksamkeit schenken, ohne zu bewerten oder Schlußfolgerungen zu ziehen.

Der König der Schwerter nimmt wahr mittels des *Intellekts* und des Verstandes. Eine solche Wahrnehmung kann man am besten mit dem Wort *Analyse* erfassen. Wer analysiert, läßt sich weder von Gefühlen, Emotionen noch irgendwelchen Vorurteilen leiten, sondern bemüht sich, nüchtern und klar zu sehen, was ist. Alle Teile und Umstände dessen, was ist, werden betrachtet und zueinander in Beziehung gebracht, ohne – und das ist, wie bei allen Königen hier besonders wichtig – eine Schlußfolgerung zu ziehen oder eine Diagnose der Situation zu stellen. Die Analyse des Königs dient lediglich dazu, alles Notwendige an Fakten bereitzustellen, damit andere (in diesem Falle die Königin) die logischen Schlußfolgerungen und das weitere Vorgehen bestimmen können. Objektivität wäre ein weiterer Begriff, der mit dem König der Schwerter in Beziehung gebracht werden könnte, wenn eine nüchterne Objektivität, wie sie vom König der Schwerter hier verlangt wird, überhaupt möglich wäre.

Wenn der Tarot König der Schwerter gibt, dann fordert er damit auf, das hinterfragte Problem zunächst einmal nüchtern und ohne Bewertung mit den Mitteln des kühlen

Verstandes zu betrachten und möglichst objektiv zu sehen, was ist, nicht mehr und nicht weniger.

Die Frage, die nach dem Ziehen dieser Karte zu stellen ist:

Will mich der Tarot mit König der Schwerter dazu auffordern, mein hinterfragtes Problem nüchtern, nur vom Verstand her, unter weitmöglichster Ausschaltung von Gefühlen und Emotionen zu betrachten und zu analysieren, bevor eine Lösung in Angriff genommen wird?

Königin der Schwerter

Schlüsselbegriff:
Schlußfolgerung

Wie alle Königinnen hat auch die Königin der Schwerter die Aufgabe, das zu definieren und zu benennen, was der König wahrgenommen hat.

Bei der Königin der Schwerter bedeutet dies, daß sie das, was an Fakten und Daten vorhanden ist, ordnet, miteinander verknüpft und dann auf rein rationaler Basis die Schlußfolgerung daraus zieht und sie in Worte bringt. Königin der Schwerter ist einem Arzt zu vergleichen, der sorgfältig die Symptome eines Kranken erfaßt hat (diese Erfassung ist Aufgabe des Königs der Schwerter) und dann aufgrund des Bildes, das sich ergibt, sorgfältig eine *Diagnose* stellt. Je nachdem, wie die Diagnose ausfällt, können dann (auf der Ebene des Ritters der Schwerter) die richtigen Maßnahmen zur Heilung unternommen werden. Die Schlußfolgerungen der Königin der Schwerter zeichnen sich dadurch aus, daß sie weder durch Intuition noch durch Gefühle bestimmt sind, sondern auf rein rationaler und intellektueller Ebene gezogen werden. Für die Königin der Schwerter gelten nur die Gesetze der Logik und der Vernunft. Sie sagt nur das, was sich aus allgemein erkennbaren Fakten begründen läßt. Sie sieht die Dinge so an, *wie sie sind* und nicht so, wie sie sie gerne haben möchte oder meint, daß sie seien. Königin der Schwerter zeichnet sich aus durch größtmögliche Sachlichkeit und Nüchternheit. Sie verkörpert das, was man einen Rationalisten nennt, der nur die real und objektiv feststellbaren Fakten anerkennt und seine Aussagen ausschließlich darauf stützt.

Wenn der Tarot Königin der Schwerter gibt, will er den Fragesteller dazu anhalten, sein hinterfragtes Problem einmal ganz sachlich und objektiv zu betrachten, ohne sich von Gefühlen und möglichen Projektionen leiten zu lassen und dann aufgrund der so gewonnenen Erkenntnis zu formulieren, wie die ganze Sache ist – ohne auf eigene Bedürfnisse Rücksicht zu nehmen oder sich von einem Wunschdenken bestimmen zu lassen.

Die Frage, die nach dem Ziehen dieser Karte zu stellen ist:

Will mich der Tarot mit Königin der Schwerter dazu auffordern, das hinterfragte Problem aufgrund von nüchternen Fakten und objektiven Gegebenheiten zu beurteilen und dann zu einer logischen Schlußfolgerung zu gelangen, frei von Wunschvorstellungen und gefühlsmäßiger Verzerrung?

Ritter der Schwerter

Schlüsselbegriffe: Handeln aus Einsicht und Überzeugung heraus, Zielbewußtheit, Widerstand überwinden

Wie alle Ritter in der Reihe der Hofkarten repräsentiert auch der Ritter der Schwerter die Ebene des Handelns, der Aktion.

Das Handeln des Ritters der Schwerter erfolgt aus dem heraus, was der König der Schwerter analytisch wahrgenommen hat und aufgrund dessen die Königin der Schwerter die entsprechenden Schlußfolgerungen gezogen hat. Weil alles, was dem Handeln vorausgegangen ist, auf rein rationaler Grundlage beruht, kann der Ritter der Schwerter darauf bauen, daß der Ausgangspunkt seines Handelns fundiert und adäquat ist. Die Aktion des Ritters erfolgt also aus Überzeugung beziehungsweise Einsicht in ihre Richtigkeit und kann deshalb auch mit der nötigen *Zielbewußtheit* durchgeführt werden. Das Handeln des Ritters der Schwerter ist aus diesem Grunde immer ein zielbewußtes Handeln, das sich nicht so leicht aus der Bahn bringen läßt. Darum kann mit der Aktion des Ritters der Stäbe auch ein *Handeln gegen Widerstände* und deren Überwindung gemeint sein.

Wenn der Tarot Ritter der Schwerter gibt, fordert er auf, so zu handeln, wie wir es aufgrund vernünftiger und logischer Überlegungen verantworten können. Dies beinhaltet Zielbewußtheit, klare Einsicht und Durchblick und kann manchmal auch bedeuten, daß Widerstände überzeugt angepackt und nach Möglichkeit überwunden werden müssen.

Fragen, die nach dem Ziehen dieser Karte zu stellen sind:

Will mich der Tarot mit Ritter der Schwerter dazu auffordern, entsprechend meiner mit kühlem Kopf und klarem Verstand gewonnenen Einsicht und Überzeugung zielbewußt zu handeln?

Will mich der Tarot mit Ritter der Schwerter darauf hinweisen, daß in bezug auf das hinterfragte Problem zielbewußtes Handeln auch ein Handeln gegen Widerstände und deren Überwindung bedeuten kann?

Bube der Schwerter

BUBE der SCHWERTER

Schlüsselbegriff:
Das allgemein Gültige, Verbreitung

Wie alle Buben in der Reihe der Hofkarten vertritt auch der Bube der Stäbe die *Konkretisierung*, das Resultat, das sich aus einer Aktion heraus ergibt.

Der Bedeutungsinhalt von Bube der Schwerter kann am ehesten anhand der Begriffe *subjektiv – objektiv* verstanden werden. Ein gesellschaftliches Zusammenleben innerhalb von größeren oder kleineren Gruppen – wobei schon zwei Personen als eine Gruppe zu verstehen sind – kann über längere Zeit nur erfolgen, wenn innerhalb der betreffenden Gruppe eine möglichst weitgehende Übereinstimmung darüber vorhanden ist, wie bestimmte Dinge und Angelegenheiten zu betrachten und zu werten sind und wie damit umzugehen ist. Voraussetzung dazu ist immer eine Einigung aller Betroffenen über die Denkweise, mit der die betreffende Situation und Angelegenheiten erfaßt werden soll. In der menschlichen Gesellschaft haben sich als Grundlage der gemeinsamen Kommunikation weitgehend das logische, vernünftige Denken und die aus der Logik hervorgehenden Schlußfolgerungen durchgesetzt. Auf den Kriterien der Vernunft beruhendes logisches Denken ist eine Art des Denkens und Betrachtens, die den Vorteil hat, von allen Beteiligten nachvollzogen und somit letztlich auch akzeptiert werden zu können – oder zu müssen. Eine solche Art der Weltbetrachtung wird allgemein als *objektiv* bezeichnet, im Gegensatz zu einer Denkweise die sich allein auf subjektive

Gefühle und persönliche Emotionen stützt und deshalb auch nicht von jedermann nachvollzogen werden kann.

Im Tarot weist der Bube der Schwerter darauf hin, daß die Lösung des hinterfragten Problems in jedem Fall so zu erfolgen hat, daß sie von vernünftig und logisch denkenden Menschen erfaßt und akzeptiert werden kann. Eine solche Lösung kann dann den Anspruch erheben, innerhalb der betroffenen Gruppe Allgemeingültigkeit zu besitzen.

Wenn also der Tarot Bube der Schwerter zu einem hinterfragten Problem gibt, will er damit sagen, daß für das Problem eine Lösung anzustreben ist, die von allen Beteiligten akzeptiert und praktiziert werden kann, weil sie logisch, vernünftig und dadurch auch objektiv überzeugend ist.

Wenn etwas allgemein gültig ist, dann hat es nicht nur Gültigkeit für den Kreis der unmittelbar vom Problem betroffenen Personen, sondern kann auch in gleicher oder ähnlicher Problemlage von anderen übernommen und verwendet werden. Jede logisch überzeugende Lösung ist ein Modell, ein Vorbild, das auch von anderen mit Erfolg angewendet werden kann. Daher hat alles, was als allgemein gültig anerkannt wird, auch die Tendenz zur *Verbreitung*.

Fragen, die nach dem Ziehen dieser Karte zu stellen sind:

Will mich der Tarot mit Bube der Schwerter dazu anhalten, im hinterfragten Problem nach einer Lösung zu suchen, die von allen Beteiligten als logisch und vernünftig akzeptiert werden kann?

Will mich der Tarot mit Bube der Schwerter dazu auffordern, bei der Lösung meines Problems nach Lösungsmöglichkeiten Ausschau zu halten, die sich bereits anderswo in gleichen oder ähnlichen Fällen als logisch und vernünftig bewährt haben?

König der Münzen

Schlüsselbegriffe:
Empfindung, Betrachtung

Wie alle Könige in der Reihe der Hofkarten beinhaltet der König der Münzen das Thema Wahrnehmung. Wahrnehmung bedeutet, einer Sache Aufmerksamkeit schenken, ohne zu bewerten oder Schlußfolgerungen zu ziehen.

Die Wahrnehmung des Königs der Münzen betrifft vor allem die *materielle Erscheinung*, die äußere Form eines Gegenstandes. Empfindung ist, im Unterschied zu den Gefühlen, was wir sinnenhaft, mit den Nerven unseres Körpers wahrnehmen, wie Schmerz, Lust und alle von außen kommenden, auf uns einwirkenden materiellen Reize. Der König der Münzen betrachtet in erster Linie die materielle Erscheinung des Objekts seiner Betrachtung und achtet auf die Empfindungen, die dadurch ausgelöst und körperhaft wahrgenommen werden. Löst der Gegenstand meiner Betrachtung Behagen oder Unbehagen aus, Lust oder Unlust und so weiter. Dies sind die Fragen, die der König der Münzen stellt.

Wenn der Tarot König der Münzen gibt, dann will er darauf hinweisen, daß das hinterfragte Problem zuerst in seiner äußeren Erscheinung wahrgenommen und betrachtet werden soll. Wichtig ist zunächst die materielle Form, in der sich die Frage oder das Problem darbietet.

Die Frage, die nach dem Ziehen dieser Karte zu stellen ist:

Will mich König der Münzen dazu auffordern, mich zunächst einmal mit der äußeren, materiellen Erscheinung meines hinterfragten Problems zu beschäftigen – wie es sich mir zeigt und in welcher Form ich damit konfrontiert werde?

Königin der Münzen

Schlüsselbegriff:
Erkenntnis durch Meditation

Wie alle Königinnen hat auch die Königin der Münzen die Aufgabe, das zu definieren und zu benennen, was der König wahrgenommen hat.

Die Erkenntnis, welche die Königin der Münzen über etwas erlangt, wird in einem zeitlich dauernden Prozeß gewonnen, der am besten mit Meditation zu bezeichnen ist. Dieser Prozeß gleicht dem Herstellen eines Mosaiks; Steinchen um Steinchen wird zusammengefügt, bis sich allmählich das erkennbare, fertige Bild daraus ergibt. Die Erkenntnis der Königin der Münzen geschieht nicht so einseitig wie bei den anderen Königinnen: Die Erkenntnis der Königin der Münzen mittels Meditiation umfaßt sowohl Intuition, Gefühle wie auch rationale Überlegungen, die sie zu einer umfassenden Synthese zusammenfügt. Eine solche Erkenntnis wächst eher langsam und braucht ihre Zeit. Das ist ein Schwerpunkt, der bei der Königin der Münzen zu berücksichtigen ist.

Der Tarot gibt Königin der Münzen, wenn er dazu auffordern will, das hinterfragte Problem von allen Seiten her unter Berücksichtigung aller Aspekte sorgfältig zu betrachten und erst dann aufgrund der so gewonnenen Erkenntnis zu einer Beurteilung zu gelangen und diese zu formulieren.

Die Frage, die nach dem Ziehen dieser Karte zu stellen ist:

Will mich der Tarot mit Königin der Münzen dazu anhalten, das hinterfragte Problem sorgfältig von allen Seiten her unter Berücksichtigung aller Fakten und Umstände zu betrachten und erst dann ein Urteil zu fällen oder zu einer Entscheidung zu kommen?

Ritter der Münzen

Schlüsselbegriff:
Abwarten (die Handlung ist in der Vergangenheit geschehen und reift jetzt der Ernte entgegen)

Wie alle Ritter in der Reihe der Hofkarten repräsentiert auch der Ritter der Münzen die Ebene des Handelns, der Aktion.

Beim Ritter der Münzen liegt allerdings die Aktion bereits in der Vergangenheit, und ihr Resultat muß abgewartet werden. Im Tarot von A.E. Waite wird dieser Umstand dadurch ausgedrückt, daß das Pferd des Ritters stillstehend abgebildet ist (ein paradoxer Zustand für die Ebene des Handelns). Im Hintergrund zeigt das Tarotbild einen frisch gepflügten Acker. Der Sinn ist folgender: Der Ritter der Münzen hat mit seinem Pferd diesen Acker gepflügt, das Korn gesät und alles so bereitet, daß nun die Frucht ohne sein Zutun wachsen und reifen kann. Der Ritter der Münzen hat das Seine getan und hat im weiteren keinen Einfluß mehr auf das Geschehen. Nun sind es die Kräfte der Natur, die alles weitere tun und voranbringen. Der Ritter wird erst zur Ernte wieder in Aktion treten. Aber die Kräfte der Natur können ihr Werk nur tun, weil der Ritter der Münzen dazu die *nötigen Voraussetzungen geschaffen* hat. Dieses Bildmotiv zeigt sehr genau, was mit Ritter der Münzen gemeint ist.

Wenn der Tarot Ritter der Münzen gibt, will er damit sagen, daß der Fragesteller in bezug auf das hinterfragte Problem alles getan hat, was zu tun ihm möglich war. Die Weiterführung liegt nun im Einflußbereich von anderen

Energien oder Menschen; der Ritter selbst kann nicht mehr tun, als darauf hoffen, das Richtige getan zu haben, damit das Problem gelöst werden kann oder die Situation sich klärt.

Die Frage, die nach dem Ziehen dieser Karte zu stellen ist:
Will mich der Tarot mit Ritter der Münzen darauf aufmerksam machen, daß ich in bezug auf das hinterfragte Problem oder die hinterfragte Situation alles getan habe, was zu tun mir möglich war, und ich nun nichts mehr weiter tun kann als *abwarten* und darauf *vertrauen*, daß andere Kräfte das Werk zu Ende führen?

Bube der Münzen

Schlüsselbegriff:
Der vorläufige Abschluß

Wie alle Buben in der Reihe der Hofkarten vertritt auch der Bube der Münzen die *Konkretisierung*, das Resultat, das sich aus einer Aktion ergibt.

Die Energie der Münzen ist Verfestigung. Wenn sich eine Verfestigung (Münze) konkretisiert (Bube), ist das Resultat, das aus dieser Kombination hervorgeht, äußerst stabil und entzieht sich jedem Einfluß zur Veränderung. Bube der Münzen repräsentiert immer das *Endresultat eines Prozesses*, der damit zu einem gültigen Abschluß gekommen ist. Da der Akzent auf *Abschluß* liegt, gibt es auch kaum eine Möglichkeit, dieses Abschlußresultat im nachhinein noch zu beeinflussen oder gar zu verändern.

Wenn der Tarot zu einem hinterfragten Problem Bube der Münzen gibt, will er damit zum Ausdruck bringen, daß das hinterfragte Problem der Abschluß, das Schlußergebnis einer Entwicklung ist. Diese hat sich ergeben, ohne daß dem Fragesteller die Möglichkeit geboten wurde – oder er die Möglichkeit wahrgenommen hat –, an dieser Sache mitzuwirken und seinen Einfluß auszuüben. So gesehen kann der Fragesteller nur akzeptieren, daß es so ist, wie es ist. Die Angelegenheit ist abgeschlossen.

Dabei ist allerdings zu beachten, daß Abschluß, aus dem Blickwinkel der großen kosmischen Gesetze gesehen, nie definitiv ist, sondern sich aus dieser Situation zu gegebener Zeit durchaus etwas Neues entwickeln kann. Der Abschluß von etwas ist stets auch der Beginn von etwas Neuem: Ende und Anfang fallen zusammen. Das bedeutet nun nicht, daß der Fragesteller in seiner Problembewältigung »lahmgelegt« ist; es bedeutet nur, daß sich dem Fragesteller, *von der Vergangenheit aus betrachtet*, keine Möglichkeit mehr bietet, auf das Ergebnis des vorangegangenen Prozesses einzuwirken. Wenn aber diese Abschlußsituation gleichzeitig als Anfangs- und Ausgangspunkt einer neuen Entwicklung verstanden wird, kann daraus sehr wohl wieder eine Einflußmöglichkeit hervorgehen, die allerdings mit dem Vorausgegangenen wenig bis nichts zu tun hat. Deshalb ist der *Abschluß* von Bube der Münzen immer ein vorläufiger Abschluß, der nur solange gilt, wie sich daraus keine neuen Entwicklungen ergeben.

Fragen, die nach dem Ziehen dieser Karte zu stellen sind:

Will mich der Tarot mit Bube der Münzen darauf aufmerksam machen, daß mein hinterfragtes Problem ohne mein Zutun zu einer Lösung kommt oder gekommen ist und ich keine Einflußmöglichkeiten mehr darauf habe?

Will mich der Tarot mit Bube der Münzen darauf hinweisen, daß sich mein hinterfragtes Problem zwar ohne mein Zutun entwickelt und gelöst hat, daß aber dieser Abschluß nur ein vorläufiger Abschluß ist und ich den Moment wahrzunehmen habe, in dem sich aus dieser Situation heraus die Dinge neu entwickeln und meinem Einfluß wieder zugänglich sind?

Beachte den Unterschied zu Drei der Schwerter:

Drei der Schwerter zeigt, daß eine Situation so stark strukturiert ist, daß keine Veränderung, nur Einfügung in die Umstände möglich ist.

Bube der Münzen zeigt die der Einflußnahme entzogene Situation als Abschluß eines vorangegangenen Prozesses; man muß abwarten, bis sich die Situation verändert, also eine neue Entwicklung einsetzt, auf die dann wieder Einfluß genommen werden kann.

Die neue Reihe »... – kurz & praktisch«

Herausgegeben von Rainer Kakuska

Unter dem einheitlichen »Gesicht« einer Reihe werden zahlreiche Methoden und Techniken vermittelt, die der Heilung, Selbsthilfe und persönlichen Weiterentwicklung dienen – traditionelle spirituelle Disziplinen ebenso wie moderne Verfahren aus Psychotherapie, Bewußtseinstraining und Körperarbeit: Die Bücher bieten bei einem relativ geringen Umfang ein Maximum an praktisch relevanter Information; sie gehen jedoch weit über eine übliche Einführung hinaus. Die Bände sind als in sich geschlossene Lehrbücher weder auf weiterführende Literatur noch auf unterstützende Lehrveranstaltungen angewiesen. Ideal sowohl für Einsteiger als auch solche Leser, die bereits bestehende Kenntnisse systematisch vertiefen und praktisch umsetzen wollen.

Helmut Hofmann
Edelsteintherapie – kurz & praktisch
208 Seiten, gebunden; ISBN 3-7626-1104-1

Rainer Kakuska
Meditation – kurz & praktisch
204 Seiten, gebunden; ISBN 3-7626-1103-3

Ingrid Kraaz von Rohr
Farbtherapie – kurz & praktisch
192 Seiten, gebunden; ISBN 3-7626-1102-5

Verlag Hermann Bauer · Freiburg im Breisgau

Von Hans-Dieter Leuenberger sind erschienen:

Die Schule des Tarot

Band 1: Das Rad des Lebens unternimmt eine eingehende Analyse der zweiundzwanzig großen Arkana und gibt eine Einführung in die Sprache der Bildsymbolik, das Wesen der Esoterik und den praktischen Gebrauch des Tarot.
6. Aufl., 328 S., 22 Abb., 7 Zeichn, geb. ISBN 3-7626-0243-3

Band 2: Der Baum des Lebens behandelt die sechsundfünfzig kleinen Arkana und legt dar, wie der Tarot in Verbindung mit der Kabbala in unserem praktischen Leben verwirklicht werden kann.
3. Aufl., 413 S., 14 Zeichn., geb. ISBN 3-7626-0244-1

Band 3: Das Spiel des Lebens zeigt auf, wie der Leser seine erworbenen Kenntnisse in sein persönliches Leben einbringen und integrieren kann.
3. Aufl., 302 S., 31 Zeichn., geb. ISBN 3-7626-0286-7

Sieben Säulen der Esoterik
Grundwissen für Suchende
2. Aufl., 275 S., 27 Abb., 26 Zeichn., geb. ISBN 3-7626-9373-1
Dieses Buch wendet sich an Menschen, die nach einer ausführlichen Klärung der Themen Einweihung, Tradition, Menschlichkeit, Göttlichkeit, Reinkarnation, Magie und Rosenkreuzertum suchen. Diese sieben Hauptelemente des früher geheimen Wissens werden hier so verständlich dargestellt, daß der Leser die Grundgedanken weiterentwickeln und zu einer eigenen esoterischen Lebensgestaltung kommen kann.

Engelmächte
Vom praktischen Umgang mit kosmischen Kräften
2. Aufl., 195 S., 4fbg. Abb., geb. ISBN 3-7626-0430-4
Der Autor untersucht die Frage nach dem Wesen und Wirken der Engel. Dabei vermittelt er ein umfassendes Bild dessen, was unter dem Begriff Engel verstanden werden kann und wie sie als kosmische Kräfte unser Leben beeinflussen. Er weist dem Leser Wege, wie er mit diesen Kräften durch Meditation und Visualisierungen aktiv Verbindung aufnehmen kann.

Verlag Hermann Bauer · Freiburg im Breisgau